Der Autor dieser philosophischen Bonsais schreibt von den letzten und den vorletzten Dingen. Altersgemäß schrumpfen die Formate: Philosophische Bonsais sind Kreuzungen von Aphorismen und Essays im Umfang von Miniaturen. Das Leben, von dem sie sprechen, ist bestimmt von der Perspektive des Endens – aber nicht ganz: Eine hartnäckige Restexistenz, hoffentlich reich an Widersprüchen, meldet sich noch zu Wort. Das Buch handelt vom Alter, vom Tode, von der Selbsttötung, von Liebe, Alter und Tod, vom Fleische, von der Gotteswissenschaft. Die philosophische und literarische Tradition von der antiken Philosophie über Montaigne und die französischen Moralisten, Lichtenberg, Schopenhauer und Nietzsche bis zu Emile Cioran gibt den Bezugsrahmen dieser zeitgenössischen «philosophie noire» mit ihrem dezidiert persönlichen Gestus.

Ludger Lütkehaus, geb. 1943, ist Professor für Literaturwissenschaft und Mitglied des deutschen P.E.N.-Zentrums. Sein radikales Buch *Nichts* (EA 1999; 9. Aufl. 2010) hat ihn über die Grenzen seines Faches hinaus bekannt gemacht. In seinen Publikationen hat er sich seit 1976 mit Vorliebe den Themenbereichen Literatur, Philosophie und Psychologie des 18. bis 20. Jahrhunderts gewidmet. Neben Schopenhauer haben vor allem Nietzsche, Freud, Fritz Mauthner und Günther Anders großen Einfluss auf sein Denken ausgeübt. Für sein Schaffen wurde Ludger Lütkehaus mit zahlreichen Preisen ausgezeichnet, darunter 1979 mit dem Sonderpreis der Schopenhauer-Gesellschaft sowie 2009 mit dem Friedrich-Nietzsche-Preis des Landes Sachsen-Anhalt.

Ludger Lütkehaus

Das Schlimmste kommt zuletzt

Philosophische Bonsais

Schwabe Verlag Basel

MIX
Aus verantwortungs-
vollen Quellen
FSC® **C068066**
www.fsc.org

Schwabe reflexe 16
© 2011 Schwabe AG, Verlag, Basel
Gesamtherstellung: Schwabe AG, Druckerei, Muttenz/Basel
Printed in Switzerland
ISBN 978-3-7965-2769-2

www.schwabe.ch

Inhalt

An den Leser

Dies ist ein ehrliches Buch, Leser. Es warnt dich gleich beim Eintritt, dass ich mir darin kein anderes Ziel gesetzt habe als ein häusliches und privates. Ich habe dabei keine Rücksicht auf deinen Nutzen noch auf meinen Ruhm genommen; meine Kräfte reichen zu einem solchen Vorhaben nicht aus. Ich habe es dem persönlichen Nutzen meiner Verwandten und Freunde gewidmet, auf dass sie, wenn sie mich verloren haben (worauf sie bald gefasst sein müssen), darin einige Züge meiner Verfassung und meiner Stimmungen wiederfinden können und auf diese Weise die Kenntnis, die sie von mir hatten, vollständiger und lebhafter bereichern mögen. Wäre es mir um die Gunst der Welt gegangen, ich hätte mich besser herausgeputzt und würde mich in gelehrtem Aufzug vorstellen. Ich will, dass man mich darin in meiner einfachen Art sehe, natürlich und alltäglich, uneingeschränkt und ungekünstelt; denn ich bin es, den ich beschreibe. Meine Mängel liegen darin offen zutage, auch mein naives Wesen, soweit es mir die Rücksicht auf die Schicklichkeit erlaubt hat. Wenn ich zu jenen Völkern gehörte, von denen man sagt, sie leben noch in der süßen Freiheit der ersten Gesetze der Natur, dann versichere ich dir, dass ich mich dort sehr gern vollständig und völlig nackt gezeichnet hätte. So bin ich, Leser, selbst der Gegenstand meines Buches; es ist nicht vernünftig, dass du deine Muße auf einen so frivolen und belanglosen Gegenstand verwendest. Also Gott befohlen, zu Montaigne, am ersten März 1580.

Michel de Montaigne, Essais (1580)

Philosophische Bonsais

PHILOSOPHISCHE BONSAIS. – «Er», der Autor dieser philosophischen Bonsais, schreibt von den letzten und den vorletzten Dingen. Altersgemäß schrumpfen die Formate. Philosophische Bonsais sind Kreuzungen von Aphorismen und Essays im Umfang von Miniaturen. Das Leben, von dem sie sprechen, ist bestimmt von der Logik des Endens – aber nicht ganz: Eine hartnäckige Restexistenz, hoffentlich reich an Widersprüchen, meldet sich noch zu Wort.

APHORISMUS INTERRUPTUS. – Seine Art des Schreibens ähnelte immer mehr einem Coitus interruptus. Jedes Mal, wenn er im schönsten Zuge war, brach er das Schreiben ab. Man nannte das «Aphorismus».

MINIMUM. – Kein Tag ohne eine Zeile? Das ist vielleicht allzu bescheiden. Ein Aphorismus pro Tag darf es schon sein.

STILFRAGEN. – Zynisch? Nur der Zynismus bietet ab einem bestimmten Alter noch die Chance der Wahrheit.

KONSEQUENZ. – Konsequenz? Wer Konsequenz fordert, muss auf das Leben verzichten.

SYMPTOMKONSEQUENZ. – In einer Hinsicht war er frei von Widersprüchen: Seine Symptome passten zueinander. Symptomkonsequenz – das war doch immerhin etwas. Fast hätte man ihn deswegen beneiden können.

LEBEN UND WERK. – Bei manchen Autoren ist die Neurose so offensichtlich, dass man das Werk nur noch als Kommentar zu ihrem Leben lesen kann. Andere bringen es immerhin so weit, dass ihr Werk hier und da einen Anschein von Objektivierung gewinnt. Die Neurose erhält dann ihr Adelsprädikat: Man kann von Leben und Werk sprechen.

KATEGORISCHER IMPERATIV, LITERARISCH. – Schreibe so, als ob du dich selber immer wieder lesen müsstest.

NUR EINER. – «Aber Sie wiederholen sich ja.» – Wen denn sonst?

KÜRZER! – Die Texte alt werdender Schriftsteller sollten immer kürzer werden. Dann würden sie wenigstens mit der Kürze ihres niedergehenden Lebens übereinstimmen. So viel Harmonie wäre immerhin ein Trost.

AUSGEDACHT. – Die meisten Intellektuellen, wenn sie alt werden, klagen darüber, dass sie nur noch wenig zu sagen haben, wenn nicht nichts. Zu Unrecht. Denn die zunehmende intellektuelle Impotenz unter Alterbedingungen ist nur sachgerecht: Wer stirbt, hat nicht nur ausgeatmet, sondern auch ausgedacht.

Freilich, da sind die Schriftsteller. Sie bringen es irgendwie fertig, zu hohen Jahren zu kommen, ohne völlig unfruchtbar zu werden. Im schlimmsten Fall schreiben sie darüber, wie es ist, alt zu werden. Die ganz Schlauen schreiben Aphorismen: Von der Kürze des Lebens und der Dauer der Kunst.

KRITIKERSCHICKSAL. – Kritiker, zumindest die Verfasser von Rezensionen, sind eine beklagenswerte Gattung. Ihr Gehirn ist eine Art von Durchlauferhitzer. Die enorme Fluktuation der Lektüren macht sie noch vergesslicher, als sie es ohnehin schon sind. Auch wenn sie loben, können sie sich schon nach wenigen Wochen kaum noch erinnern, was sie unter ihren kritischen Händen gehabt haben. Es verfällt einer Amnesie, die mit allem aufräumt, ohne dafür irgendeine Begründung zu benötigen. Kritiker sein, heißt, zu viele Bücher gelesen zu haben.

Und dann noch die zwangsweise Fixierung auf die Marktaktualität. Wie viel ist darunter, das sie freiwillig nie lesen würden, zahllose Bücher, die nicht einmal für einen Verriss taugen, während gleichzeitig das Lesenswerte das Ungelesene bleibt.

Setzte man die sogenannten «Neuerscheinungen» wirklich der gewaltigen, ja vernichtenden Konkurrenz mit der Vergangenheit aus – wer würde es auf sich nehmen, so viel komparativ Schlechteres zu sich zu nehmen? Wer würde es nicht vorziehen, mit den Größeren, den Großen zusammen zu sein? Der Maßstab für eine neue Lektüre müsste sein, ob es die Konkurrenz mit der Vergangenheit verträge. Doch wer würde dann überhaupt noch Neues lesen?

So jedenfalls der Maßstab für die Lektüre des Kritikers. Noch schlimmer steht es um den Autor. Er unterliegt beim Schreiben derselben vernichtenden Konkurrenz mit der Vergangenheit. Er weiß, dass er sie nicht gewinnen kann. Sollte er sich also nicht besser umschulen lassen? Vielleicht zum Kritiker?

ERFOLGSDIKTAT. – Erfolg war sich nie genug. Er machte nicht nur süchtig, er definierte sich geradezu seriell: als Chance zu weiterem, gesteigertem Erfolg. Mit allen Folgelasten. Wer gefragt war, musste dafür sorgen, dass er immer gefragter wurde. Welche Anstrengung. Das Diktat der Serie.

VANITAS. – Eitel sind alle. Bei manchen geht die Eitelkeit so weit, dass sie sich nicht ehren lassen. Sie können es sich leisten, alle Preise abzulehnen. Er war bescheidener.

LITERATURPREISE. – Meistens erhält man sie in einem Alter, in dem man sie nur noch kurze Zeit genießen kann. Die Grenzen zum Nachruf sind fließend. De prope mortuis nil nisi bene.

EINE HAND WÄSCHT DIE ANDERE – wie die andere die eine. Offenbar haben beide einander zuvor beschmutzt. Begib dich nie in Fraktionen und Allianzen. Zwar helfen sie dir. Doch du wirst unter Waschzwang leiden.

DAS BÜCHERGEWICHT DER WELT. – Fast gewann er den Glauben an die Bücher zurück, wenn er in einem Folianten las. Sie hatten Gewicht und Format. Es gab ihnen eine gewisse Würde, wenn sie so gewichtig und groß waren, dass man sie nicht leichthin in der Hand halten und hier und da gedankenlos in ihnen blättern konnte. Welt und Buch waren nicht mehr so weit auseinander. Gerne trug er schwer an ihnen.

BIBLIODIZEE. – Beim Wiederlesen erster Notizen: Aus diesem Chaos war ein Buch aufgetaucht. Unglaublich. Es war die Rechtfertigung seines Chaos. Seine Bibliodizee.

DAUERMOND. – Glaubt man der Literatur, so scheint der Mond häufiger als die Sonne. So weit, immerhin, hat es die Melancholie gebracht.

«THE END». – Die Tagebücher füllen sich, die Tage, von denen sie berichten können, werden weniger. Das letzte Tagebuch wird nicht mehr geführt. Das ist die Grenze dieser Textgattung. Am Ende muss sie passen. Und der Autor mit ihr. «Schluss», wird er vielleicht noch sagen, aber er wird es nicht mehr schreiben. Oder es ist noch nicht wirklich Schluss. «The End» steht immer erst von anderen Händen geschrieben.

UNHAPPY END. – Was unterscheidet die E-Literatur von der U-Literatur? Es ist bei der E-Literatur wie beim Fußball: Man weiß nicht, wie's ausgeht. Sie kennt auch das Unhappy End. Das macht sie so ernsthaft.

LEBENSLEKTÜRE. – Mit dem Leben ist es am Ende wie mit manchen Büchern: Wenn man weiß, dass sie traurig ausgehen, bringt man sie am besten gleich hinter sich.

ÜBERLEBENSGARANTIE. – Ich-Erzählungen in der Literatur sind wie eine Rückversicherung, wenn die Gefahr und die Spannung allzu groß zu werden drohen. Solange das Ich spricht, ist sein Überleben garantiert. Und der Leser glaubt, es habe alles überstanden. Freilich können auch Ich-Erzählungen abbrechen. Das haben sie mit dem Leben gemein. Aber eigentlich ist das vom Autor unfair. Er bricht den Pakt, den das erzählende und das erzählte Ich mit dem Leser geschlossen haben.

MISTHAUFEN-TRIUMPH. – Das morgendliche Krähen der Hähne. Ihr Triumph, dass sie noch da sind, auf dem Misthaufen des Lebens. Weiter so!

ÜBEN. – Wenn das Leben leicht wäre, welchen Sinn hätte es, sich in der Gelassenheit zu üben? Aber so: Dauernd ist man im Training.

DUM SCRIBO, SPERO. – «Man schreibt, weil man unglücklich ist» (Céline). Aber während man schreibt, hört man auf, unglücklich zu sein. «Dum scribo, spero. Solange ich schreibe, hoffe ich.» Bis man mit dem Schreiben aufhört.

ANDERE FRAGEN. – «Was darf ich hoffen?» Kants dritte Frage in der «Kritik der praktischen Vernunft» ist selber von der Hoffnung bestimmt. Solche Fragen überhaupt stellen zu können – darf man das hoffen? Wahrscheinlich muss man eine ganz andere stellen. «Was muss ich fürchten?», lautet sie.

ZULETZT. – «Die Hoffnung stirbt zuletzt.» Natürlich, weil man ohne sie schon früher stürbe.

DROGE HOFFNUNG. – Als Günther Anders Blochs «Prinzip Hoffnung» «Hofferei» nannte, war nicht der Mangel an Realismus gemeint; darüber musste man nicht reden. Der Hohn galt vielmehr denen, die von der Hofferei nicht lassen konnten. Droge Hoffnung, die Süchtigen an der Hoffnungsnadel. Die Philosophen waren die Dealer.

BESCHEIDEN. – Hoffnung? Das fehlte noch. Es reicht, wenn wir die Sache mit Anstand hinter uns bringen.

MAXIMAL. – «Hysterisches Elend in gemeines Unglück verwandeln»: Freuds therapeutisches Maximalziel. Das stimmt doch hoffnungsvoll.

MITTELELEND. – «Das zur Arbeit nötige Mittelelend»: Freuds Philosophie der Mitte. Hysterisches Elend stört. Euphorisches Glück stört. Jedenfalls bei der Arbeit. Und darauf kommt für einen Freud alles an.

KEIN SEGEN. – Ein chinesisches Sprichwort: «Es ist ein Fluch, in interessanten Zeiten zu leben.» Aber noch kein Segen, in langweiligen.

GUTE UNTERHALTUNG. – Der Kollege N. N., ein guter Mensch – und wie langweilig! Wer gute Unterhaltung bieten will, muss eine gehörige Portion Bosheit mitbringen. Mephisto weiß das. Er ist der erfolgreichste metaphysische Entertainer. Und er ist kein guter Mensch. Deswegen amüsiert man sich mit ihm so gut. Bis er behauptet, dass wir ihm unsere Seele versprochen hätten. Welch ein Unsinn. Hält er uns etwa für dumm?

HOMO RIDENS IN GERMANIA. – Die Mitglieder eines akademischen Publikums in Deutschland zum Lachen zu bringen, ist fast unmöglich. Dezent lächeln sie, gewiss. Sie signalisieren damit, dass sie den Witz verstanden haben. Das fordert ihr Niveau von ihnen. Aber lachen, lauthals, ja hemmungslos lachen? Ist denn ein Vortrag eine Orgie? Schön wär's!

LÄCHERLICH. – Dass die Menschen «zum Lachen fähig und zugleich lächerliche Wesen sind»: darin sieht Montaigne das Besondere des Menschseins, «unseres Menschseins», er schließt sich ein. Der Zusammenhang zwischen Lachen und Lächerlichkeit allerdings ist noch enger, als sein «Zugleich» sagt: Um das Lächerliche zu bemerken, muss man des Lachens fähig sein. Vielleicht gilt sogar die Umkehrung: Um des Lachens fähig zu sein, muss man selber lächerlich sein. Sonst fehlt es an Gelegenheit und Training. Aber da sieht es gut aus.

EULENZUNFT. – Nach Hegels bekanntem Wort ist die «Eule der Minerva», die erst mit hereinbrechender Dämmerung, wenn eine Gestalt des Lebens alt geworden ist, ihren Flug beginnt, das Emblem der Philosophie. Recht hat er: Philosophie ist die Eulenzunft. Nur handelt es sich bei den Philosophen um Nachtvögel, die tagsüber zu sehen versuchen. Und dann sind sie so gut wie blind.

OSTEREIER SUCHEN. – Ein hübsches, kindliches Spiel, wenn Erwachsene Ostereier suchen. Eine erheiternde Scheinaufgabe, selbstgeschaffene Schwierigkeiten. Was wir haben, möchten wir noch einmal wiederfinden. Die Pointe ist nur die, dass uns unversehens entfallen ist, wo wir die Eier versteckt haben. Und schon wird eine echte Suche daraus. Mit vollem Risiko. Was für ein Schmerz, just jenes Ei nicht wiederfinden zu können, das die Anderen finden sollten, wir aber nun selber vergessen haben. Wir wissen nur noch: Da liegt es, irgendwo in der Wiese, am Zaun, unter der Hecke, im Laub und Moos des Waldes. Dieses schönste, begehrenswerteste aller Eier.
Aber man kann die Geschichte von den Ostereiern auch andersherum erzählen. Wir suchen und suchen nach dem Unbekannten, einer Antwort auf die Frage aller Fragen, der Lösung aller Probleme – und plötzlich erinnern wir uns, dass wir die Eier selber versteckt haben. Amnesie ist der Anfang jeder Suche. Das Wiederfinden der Eier beendet sie.

ÜBERFLÜSSIG. – Wenn man heute wissen will, was zu denken sich nicht lohnt, dann muss man auf den Hohen Schulen Philosophie studieren. Was können wir wissen? Ziemlich viel. Was wollen wir wissen? Nichts Wissenswertes. Was war es noch, was wir wissen wollten? Wir wissen es nicht mehr. Wir haben es beim Studieren vergessen. Die Universitätsphilosophie ist die effektivste Methode der Amnesie.

AUF DEN HUND GEKOMMEN. – Wie konnte die Philosophie nur so auf den Hund kommen (der nicht der Hund der Kyniker war), dass sie bloße Textexegese und Philosophiegeschichte wurde? Sie hat doch einmal über das gute Leben und das freie Sterben, über Unglück und Glück, über Gleichgültigkeit und Gelassenheit, das Notwendige und das Überflüssige nachgedacht. Aber immer mehr Philosophen haben darüber nachgedacht – bis daraus das Nachdenken über das Nachdenken wurde. Während die Philosophie ihrem Impuls zu den «Sachen selbst» zu folgen glaubte, hat sie die Sachen aus dem Auge verloren: Nicht die Dinge, sondern nur noch die Meinungen über die Dinge sind es, die auf Interesse bei den Philosophen stoßen. So haben sie gelernt, sich gegen alle Irritationen zu immunisieren, gedankenreich, aber handlungsschwach.

ÜBLE NACHREDE. – Nach Paul Rées allzu freundlichem Urteil halten wir die Anderen in einem Punkt, wenn auch nur in diesem, für besser als uns: dass sie nicht so schlecht über uns reden wie wir über sie. Welche Illusion! Wir dürfen getrost unterstellen, dass sie mindestens genauso schlecht über uns reden, also genauso schlecht, wie wir sind. Die üble Nachrede ist das schlechte Grundgesetz der kommunikativen Existenz.
Ob sie aber sogar schlechter über uns reden als wir über sie, ergo noch schlechter als wir sind? Naturgemäß wissen wir das nicht, jedenfalls nicht genau. Es wäre auch zu viel des Trostes. Wir müssen uns damit begnügen, dass das Gleichmaß in der üblen Nachrede uns das höchste Maß an Selbstrechtfertigung erlaubt. Mehr darf man von der üblen Nachrede wahrhaftig nicht verlangen.

NACHRUFE ZU LEBZEITEN. – Irgendwann wollten die Redaktionen nicht mehr von den nachrufpflichtigen Todesfällen der prominenten Geister im Lande überrascht werden. Deswegen gingen sie dazu über, von ihren Mitarbeitern Nekrologe auf Halde produzieren zu lassen. So waren sie für den Fall aller Fälle gerüstet. Das hatte nur zur Folge, dass die Nachrufschreiber die Prominenten schon zu Lebzeiten wie Leichen ansahen, manchmal über Jahre hinweg, weil einige von ihnen sich hartnäckig weigerten zu sterben.
Doch etliche Nachrufkandidaten wussten natürlich Bescheid, zumal wenn sie selber einmal zu den Nekrologautoren gehört hatten

oder noch gehörten. Vielleicht übten sie vorauseilende Gerechtigkeit, indem sie ihrerseits Nachrufe zu Lebzeiten auf die prominenteren Nekrologautoren verfassten. Dann hatte man es auf beiden Seiten mit prospektiven Leichen zu tun. Man war unter sich. Man war unter seinesgleichen.

Freilich, hätten beide Parteien die ihnen geltenden Nachrufe lesen können, wäre ihnen womöglich ein versöhnlicheres Ende zuteil geworden. Denn auch für die Nachrufe zu Lebzeiten gilt das eherne Gesetz, dass man über Tote nur gut reden darf. Man hätte ihnen die Texte also gut zu lesen geben können, und ihr sterbliches Leben hätte sich spürbar aufgehellt – vielleicht sogar so sehr, dass sie mit dem Sterben noch länger gewartet hätten. Das allerdings hätte noch weitere Rollenwechsel diesseits wie jenseits der Nachrufgrenze mit sich gebracht.

Vom Alter

TROSTGRÜNDE. – Die Hilfsmittel gegen die Übermacht des Gegenwärtigen: «Irgendwann wird alles vorbei sein» – der Standpunkt der Zukunft. Doch leider leben wir jetzt.

«Was ist dies gegen jenes?» Ein gegenwärtiges Übel mit dem Blick auf ein mögliches größeres überbieten. Teufel mit Beelzebub austreiben. Doch dass es noch schlimmer stehen könnte – tröstet das?

«Was haben wir nicht alles durchgestanden?» – der Standpunkt der Vergangenheit. Tempi passati. Es ist wie mit den toten guten Indianern: Nur eine untergegangene Zeit ist eine gute Zeit. Doch leider sind wir noch keine toten Indianer.

HELLSICHTIG. – Depressionen, sagt man, sind verdüsternde Entstellungen der Wirklichkeit. Doch man muss nur hübsch alt werden, dann weiß man es richtiger: Schwarzsehen heißt Hellsehen.

DIE ALTE, DAS ALTER. – Unvergleichlich hat Giorgione die sinnliche Schönheit junger Frauen gemalt: die liegende Venus mit der Hand im Schoß, die Hand nicht als Schamblatt, sondern als verschwiegene Gespielin; das Frühstück im Freien, dessen Freimut erst Manet wieder erreicht hat; die junge Mutter der «Tempesta» mit dem saugenden Kleinen, ihre Schultern lose mit einem Linnentuch bedeckt, die Nacktheit ihres Busens, des Bauches und der sichtbare Schatten des Schamhaars, alles gepaart mit einem Blick, der weiß, was er im Betrachter auslöst. Aber dann Giorgiones Alte! Überflüssig das allegorische Etikett der geschriebenen «Zeit». Die nicht nur verrunzelte, sondern lehmige Haut, Gegenbild der schönen Oberfläche des Fleisches und doch weniger Widerpart als komplementäres Bild. Darüber wieder dieser rätselhafte selbstbewusste Blick. Sie weiß: Noch, gerade als Alte hat sie etwas zu zeigen, auf ihre Weise nicht weniger nackt als Giorgiones schöne blühende Frauen. Sie zeigt, sie ist die Allmacht der Zeit. Warum also sollte das Alter sich verbergen?

MUTIG. – «Das Alter ist nichts für Feiglinge»: Er hatte vergessen, von wem das war. Aber mutig war es.

ÜBERTRIEBEN. – Leser, die seine Aphorismen zur Altersweisheit lasen und ihn kannten, gaben zu bedenken, dass er wohl ziemlich übertrieben habe. So schlimm sei es doch noch nicht. Er stimmte ihnen sofort zu. Aber Übertreibung sei die einzige Methode, wie man vom Alter noch etwas haben könne. Sei es erst einmal, wie es sei, dann könne man nicht einmal mehr übertreiben.

ALTERSSPASS. – In jener Zeit machte sich die Alterseuphorie breit. Immer mehr, immer ältere Menschen beteuerten, immer lieber zu leben. Hatten sie vergessen, dass ihr Leben immer schlechter werden würde? Doch davon wollten sie nichts wissen. Selbst der milde «Lebensabend», mit dem sie sich früher getröstet hatten, wich nun dem lauthals verkündeten «Altersspaß».
So halluzinierten sie immer lebenslustiger vor sich hin. Die Alterseuphorie war die Palliativmedizin ihres niedergehenden Lebens. Nur hier und da verabschiedete sich jemand aus eigenem Antrieb von dem Altersspaß, den er rätselhafterweise verschmähte. Offenbar war er nicht recht bei Sinnen. Auf jeden Fall hatte er keine Ahnung von der Größe des Spaßes.

ZUM FRIEREN. – Die beliebten Vergleiche der Lebensalter mit den Jahreszeiten: Schön wär's, wenn sie stimmten.
Der Lebensfrühling von Kindheit und Jugend? Beide wissen nichts davon.
Der Sommer in der Mitte des Lebens? Mag richtig sein, wenn man Glück hat.
Der Lebensherbst? Viel zu farbig. Noch viel zu viel Licht.
Der Winter: Nur da stimmt's. Zum Frieren.

«IN-DER-WELT-SEIN», «AUS-DER-WELT-FALLEN». – Blickte er von seinem Hochsitz am Schreibtisch auf die Bäume, den Himmel, die Wolken, den Wald, so war etwas von dem «In-der-Welt-Sein» zu spüren, das der bekannte Schwarzwälder Rustikalontologe im «Dasein» gefunden hatte.
Mit den letzten fallenden Blättern aber, dem skelettierten Geäst der Bäume sah er die vergehende Zeit. Und es war mit dem In-der-Welt-Sein vorbei. Dasein hieß am Ende: Aus-der-Welt-Fallen.

QUANTENSPRUNG. – Als er sich in den frühen sechziger Jahren seines Lebens befand, da war die sogenannte «Feier» des Geburtstags noch nicht dramatisch. Ein Jahr mehr – was war das schon? Als es aber auf die Siebzig zuging, veränderte sich die Situation einschneidend: Nun wurde er zu einem alten Mann. Er erlebte einen Quantensprung. Da mochte er sich innerlich noch so unverändert fühlen. Hallten in der ominösen Zahl nur die früheren Altersbegriffe nach? Oder lag es daran, dass man mit siebzig tatsächlich den Tod vor sich hatte, an den man vorher nicht unbedingt denken musste? Er entschied sich dafür, dass er kein Opfer des niedergehenden Lebens, sondern des Dezimalsystems war. Man sollte es unverzüglich abschaffen. Vielleicht das britische System mit seinen gnädigen ungeraden Zahlen? Aber auch da rechnete man bei den Altersangaben seit je mit Dezimalzahlen. Wie dumm! Hier hätte sich doch eine Insel-Lösung gelohnt.

GUTE WÜNSCHE. – Die vielen guten Wünsche zum Geburtstag: sie waren ihm lieb als Zeichen der Freundschaft. Aber sie beim Wort nehmen? Glück und Gesundheit – ein böser Scherz. Viele Jahre eines hoffentlich langen Lebens – eine unverhohlene Drohung.

ALTERSPENSUM. – Das Leben, ein Pensum zum Abarbeiten: das traf vielleicht nicht auf das ganze Leben zu, aber für das Alter stimmte es. Wenn er geglaubt hatte, das Pensum würde im Alter abnehmen, hatte er sich getäuscht. Es wurde schwerer. Er würde immer härter arbeiten müssen. Und den finalen Ruhestand würde er nicht einmal erleben können.

VON DER KÜRZE DES LEBENS I. – «De brevitate vitae»? Der – sachgemäß kurze – Titel Senecas leuchtet keinem Rentner ein. Ganz im Gegenteil, er erschrickt vor der lähmenden Länge der Zeit. Womit soll er sie füllen? Mit Arbeiten? Mit Sterben? Ja, gewiss, das bleibt noch zu tun. Aber muss das denn den ganzen tödlichen Vormittag dauern? So sitzt er auf der Parkbank und wartet, dass die Zeit vergehe. Vielleicht hat er Glück, und an diesem Vormittag kommt ein Seneca vorbei, eilenden Schrittes, freilich eben deswegen auch nicht ohne weiteres ansprechbar.

«VON DER KÜRZE DES LEBENS» II. – Das ist die Paradoxie des Alters: nach dem Ende der Arbeit freie Zeit zu haben im Überfluss, leere

Zeit, die nach Füllung verlangt – und zugleich nur noch eine Lebenszeit, die unausweichlich zu Ende geht, Zeit zum Tod. Die Götter, die die Zeit zumessen, haben einen ihrer böseren Einfälle gehabt.

LANGE UND KURZE WEILE. – Die Geißel seiner Jugend war die Langeweile gewesen, dieses lähmendste aller Gefühle, diese verzweifelte Leere, die mit nichts gefüllt werden konnte. Vom müden Desinteresse über eine abgrundtiefe Gleichgültigkeit bis zum Lebensekel reichten ihre Formen. Aber eigentlich war der Lebensekel für die Langeweile eine viel zu intensive Reaktion.

Die Voraussetzung der Langeweile war freilich gewesen, dass Zeit, Lebenszeit im Übermaß vorhanden war. Die Langeweile kannte das «Gerade-Noch» und das «Schon-Nicht-Mehr» noch nicht. Doch der Zeit-Reichtum war nur allzu bald in Überdruss umgeschlagen. Mit was sollte man alle diese unaufhörlich kommenden Jahre füllen? Langeweile war der lähmend gefühlte Zeitüberfluss, Zeitüberdruss.

Jetzt aber, für den alt werdenden Mann, der wusste, wie wenige Jahre er noch hatte, war die Zeit zum rarsten aller Güter geworden. Ja, hatte ihre Knappheit ihm nicht überhaupt erst den Wert der Zeit geschenkt? In der Tat hatte sie der Langeweile den Boden entzogen. Die schreckliche Dauer der Zeit war ein für alle Mal vergangen. Doch was war von einem Gut zu halten, das man nur um den Preis seiner Begrenztheit, seines Vergehens besaß – also eigentlich nicht besaß? Es gab Momente, da wünschte er sich die Geißel seiner Jugend zurück.

Andererseits, hatte er sie mit der immer überflüssiger fließenden Zeit des arbeitslosen Alters nicht schon wieder? Ihre lange Weile stand doch an Penetranz hinter der Langeweile der Jugend nicht zurück.

Kurz und gut, lang und schlecht: Er saß in einer doppelten Zeitfalle. Der Widerspruch des Zuviel und Zuwenig – wie war er zu beheben? Bisher war noch keine Methode gefunden worden, wie man die überflüssige Zeit mit der knappen verrechnen konnte. Es gab keinen Zeitübertrag. Aber konnte man denn nicht lernen, sich auf den jeweils anderen Zeitstandpunkt zu stellen? Die Kürze des Lebens würde dann behoben mit seiner langen Weile, und diese kuriert mit der Zeitökonomie der Knappheit. Nur, wie schaffte man das? Üben? Wie langweilig! Andererseits, war dafür überhaupt noch Zeit?

SCHLAFLOS I. – Sie ist eine der größten Grausamkeiten, mit denen das Alter geschlagen ist: die zunehmende Schlaflosigkeit. Sie gibt Zeit und noch mehr Zeit, wo das Alter ohnehin Zeit im Überfluss hat. Dass gleichzeitig der Tod näher rückt und mit ihm die Kürze des Lebens klarer wird denn je, ist ja gut und schön – immerhin ein Gegengewicht gegen die fatale Länge des Lebens. Aber warum zuvor so schrecklich viel Zeit? Zeit im Überfluss macht müde. Müdigkeit ist Überfluss an Zeit. Zeit ohne Lust zu sein. Und dann nicht einmal schlafen können.

SCHLAFLOS II. – Emile Ciorans «unbesiegbare Schlaflosigkeit»: Immer wach zu sein, wäre die Hölle, ohne Erlösung, ohne den gnädigen Tod der Zeit auf Zeit. Der Suizidant, der zur Überdosis Schlaftabletten greift, gibt seiner Sehnsucht den unmittelbarsten Ausdruck.

SCHLAFLOS III. – Das Unerträglichste an der Schlaflosigkeit ist die Vereinsamung. Nicht schlafen zu können, wenn alle anderen schlafen, heißt aus der einen, gemeinsamen, geteilten Welt herausfallen. Die Welt des Schlaflosen ist eine andere als die der Schlafenden. Wachen als Tortur. Das Warten auf die Rückkehr der Anderen. Erst, wenn wieder ein Licht aus den Fenstern leuchtet, wenn die ersten Geräusche im Haus zu hören sind, die ersten Autos wieder die Straßen befahren, atmet der Schlaflose auf. Allmählich kehrt er in die geteilte Welt zurück. Aber er hat eine Erfahrung gemacht, die ihn auch tagsüber von den Anderen trennen wird. Eben weil sie im Schlaf in einer anderen Welt waren, kehren sie gerne in ihre erste, ihre Wachwelt zurück. Er aber war mit der Pein seines ununterbrochenen Bewusstseins geschlagen.

MORPHEUS IST TOT. – Die Nächte, gemischt aus Schlaflosigkeit und wirren Träumen. Morpheus war tot – oder zu einem sadistischen Gott geworden. Aber davon gab es ja mehrere.

MUSIK. – Sein nächtliches asthmatisches Rasseln und Pfeifen war so laut geworden, dass es ihn weckte. Es fehlte nur noch das finale Röcheln. Dann wäre endlich das Orchester seiner Organe in allen Tonlagen und Instrumenten gut besetzt. Vom Röcheln zum Verröcheln.

«ALTERSTEILZEIT». – Wie weitsichtig war Schopenhauer gewesen. Seit je hatte er nur die Vormittagsstunden für die ernsthafte Arbeit reserviert, weil der Geist dann frischer sei. Das hatte ihm erspart, sich im Alter auf «Altersteilzeit» setzen zu müssen. Damit konnte man gar nicht früh genug beginnen. Wie der Igel des Märchens war er immer schon da.

ARBEITSUNFÄHIG. – Erstaunlich, dass man von Alternden erwartet, sie sollten heiter sein. Gewiss, die Arbeit nimmt ab, aber auch das Vermögen dazu und die Lust daran. Bis ihnen der Tod endgültig die Arbeitsunfähigkeit bescheinigt.

ALTKLEIDERSAMMLUNG. – Wie sein Vater hatte er Kleidung immer auf Vorrat gekauft. Er hängte sie in den Schrank, ihre Stunde würde in ein paar Jahren schon kommen. Doch diese Gewissheit war ihm nun abhanden gekommen. Nicht auszudenken, er würde das, was da noch in den Schränken hing, nicht mehr tragen können. Welche Verschwendung, welche unkluge Kalkulation auf die Zukunft! Deswegen hatte er begonnen, die Intervalle zwischen Kaufen und Tragen zu verringern. Ja, am Ende würde er noch dazu übergehen, neugekaufte Kleidung unverzüglich zu tragen. Er war auf dem besten Wege, ein mustergültiger Konsument zu werden. Welcher Niedergang! Aber warum verzichtete er denn nicht einfach auf jeden neuen Kauf? Er hatte doch die Altkleidersammlung längst im Schrank.

DAS BUCH DER BÜCHER. – Das Buch der Bücher, das Sparbuch. Er sah seinen Vater vor sich, wie er immer wieder darin las. Neben der lokalen Zeitung war es das Einzige, was er las. So andächtig las er darin, als vergäße er darüber, dass die ihm verbleibende Zeit abnahm. Beim Geld, immerhin, ging es weiterhin aufwärts.

VOM ALTER UND VOM GELD. – Das Geld ist der Repräsentant aller Güter. Wer diese nicht mehr genießen kann, hält sich deswegen an jenes: so Schopenhauers Verbindung von Alter, Geiz und Geld. Wahrhaftig, sie ist eng. Aber wie sollte das Geld als der Repräsentant aller Güter in abstracto für das entschädigen können, was in concreto nicht mehr genossen werden kann? Wird denn in abstracto überhaupt noch etwas «genossen»? Geht es nicht vielmehr zu Ende mit allem Genuss?

Nicht ganz, der Restgenuss des Geldbesitzes im Alter ist anderer, eben abstrakterer Art. Er hängt daran, dass das Geld wie nichts anderes im Alter immer mehr werden kann. Es gestattet den Komparativ, der keine Grenze kennt, während sonst alles weniger wird und am Ende das Ende kommt. Geld ermöglicht die stetige Steigerung. Alte tun gut daran, Geizhälse zu sein – es sei denn, die Nemesis einer Inflation oder eines Börsen-Crashs bräche über sie herein. Das wäre in der Tat die Entwertung aller Werte, von denen das Alter noch wissen will.

VOM WACHSEN. – «Leben ist Wachstum», hörte er sagen. Vermutlich deswegen wuchs es ihm über den Kopf.

PROMETHEUS LERNT DAZU. – Wenn alle Blütenträume reiften, brächen die Bäume. Prometheus hatte das lange nicht begriffen. Aber dann war er, bevor es so weit kam, «zum Manne gereift». Diese Reife erübrigte die der Blütenträume.

GEGEN HERAKLIT. – Wir steigen niemals in denselben Fluss. Aber wir behalten immer die alten Narben.

«LEBENSLAUF»? – Von der These zur Prothese: Lebenslauf eines Intellektuellen. Aber wieso «Lebenslauf»? Wie zuversichtlich! Wer läuft denn da noch?

AUFWÄRTS? – Veränderung heißt im Alter fast immer Verschlechterung. Aber das hat wenigstens einen Vorzug: Das Alter räumt mit der Legende vom Fortschritt auf. Nur die Frommen im Lande halten an ihr fest: Liegt man erst einmal im Grabe, so geht es jenseits wieder aufwärts. Nur zu! Nur zu!

«FORTSCHRITT». – «Je mehr, desto besser, und vom immer Besseren immer mehr»: so wollen es das «Wachstum» und vor allem der «Fortschritt». Aber der «Fortschritt» selber, nimmt man ihn nur beim Wort, hat es schon immer richtiger gewusst. Fortschreitend bewegt er sich in der Horizontalen. Von Aufwärtsbewegung ist keine Rede. Die vertikale Wahrheit spricht dafür aus dem «Niedergang», um den Preis, dass es auf dem Weg nach unten irgendwann nicht einmal mehr einen «Fortschritt» gibt, sondern am Ende nur noch den «Untergang».

«DER WEG IST DAS ZIEL.» – Als die Moderne endgültig den Glauben an den Fortschritt der Geschichte verlor, erklärte sie, ohne zu zaudern, den Weg zum Ziel. Und schon machte sich dank der neuen Ziellosigkeit wieder etwas von der früheren Munterkeit breit. Aber bei einem letzten Ziel, und war es auch nur der Weg als Ziel, musste es offenbar bleiben. Es sei denn, man wählte die Weglosigkeit, die Ausweglosigkeit. Doch das tun die orientierungsbedürftigen Weggefährten nicht gerne. Sie müssen stets irgendeinem Weg folgen. Unentwegt.

BEKEHRT. – Wer nicht an den Fortschritt glaubt, den schicke man statt zum Zahnarzt zum Bader – und er wird als Konvertit zurückkehren.

DIE FALSCHEN TASTEN. – Die Lebensdauer des Einzelnen und die Veränderungsgeschwindigkeit der Welt nehmen gleichzeitig zu, scheinbar in prästabilierter Symmetrie. Doch der Parallelismus mündet in eine immer krassere Dissonanz, weil der Einzelne umso weniger mitkommt, nachkommt, je älter er wird. Seine Verstehens- und Adaptionsfähigkeit sinkt in dem Maß, wie die technische Entwicklung der Dinge ihm entläuft. Nun drückt er immer öfter die falschen Tasten. Eine Verkürzung der Lebensdauer, die Verringerung der geforderten Adaptionskapazität wären besser geeignet, wenigstens halbwegs auf der fatalen Höhe der Zeit zu bleiben. Doch er wird immer länger leben und deshalb immer Neueres erleben – alas! –, bis der hinausgezögerte Tod ihn am Ende doch vom Fortschritt befreit.

«EMAILLE». – Die schönen Zeiten, in denen er statt «e-mail» immer «emaille» gelesen hatte!

DAS ENDE DER ARBEIT. – Als technisch anachronistischer Schreibarbeiter, der weder einen Computer besaß noch überhaupt einen solchen hätte bedienen können oder wollen, war er auf den Gebrauch atavistischer Mittel für die Korrektur seiner Typoskripte angewiesen: Korrekturband, Tipp-Ex. Indessen hatten die Hersteller dieser hilfreichen Dinge mangels Nachfrage die Produktion eingestellt. Er hatte zwar in den Büroläden noch einmal aufgekauft, was er hatte aufkaufen können. Aber seine Vorräte waren begrenzt. Und sie nahmen kontinuierlich ab. Er begann, immer sparsamer mit ihnen umzugehen. Das Ende war nichtsdestoweniger absehbar: Eines fatalen Tages würde er ohne Korrekturmittel dastehen. Was würde er dann tun? Die Arbeit einstellen? Das nicht mehr korrigierbare Leben einstellen? Sollte man in den Nachrufen von einem Tod mangels Korrekturband und Tipp-Ex lesen? Zweifelsohne würde es das komischste Ende eines Schriftstellerlebens sein.

KALTE FÜSSE. – Die Extremitäten fangen mit zunehmendem Alter zuerst zu frieren an. Wie logisch! Mit Händen und Füßen hat man die Verbindung zur Welt hergestellt. Nun erkalten die Kontaktorgane als Erste. Der Rückzug aus der Welt beginnt mit kalten Füßen. Das ist keine Metapher.

WIE FRÜHER. – Die Parodie des Alters, dass es aus den sogenannten Erwachsenen wieder Windelkinder macht. Sie pissen und scheißen in die Hosen wie in ihren besten Zeiten. Nur dass es ihnen nicht ganz den alten Spaß bereitet. Aber nur Geduld, nur Geduld! Der Spaß kommt noch.

KEIN PAAR. – Im Alter reimt sich die Inkontinenz auf die Impotenz: Der Heilige Prostatos sorgt dafür. Nur dass er dabei in Wahrheit ungereimte Wege geht. Die Inkontinenz leidet an Überfluss, die Impotenz an Mangel. Kein Paar, das zueinander passte.

«MEINE HAARE». – Wie schnell hört in Körperdingen das Possessivum auf. Schon beim Haareschneiden fängt das an. Entweder sind sie zu lang. Oder sie wachsen am falschen Ort. Auf Teile «meiner Haare» muss ich jedenfalls verzichten. Im Fall fortschreitender Verglatzung ist es indessen bald ganz mit «meinen Haaren» vorbei. Vom Possessivum haben sie sich erst in ein Absentivum, dann in ein Depressivum verwandelt. Wie es wohl am Ende mit «meinem

Körper» stehen mag? Weg damit. Auf zum Barbier. Ein für alle Mal «Haare schneiden, bitte!» Er führt schon die Sense.

ORAKEL. – Früher hatte er Krankheiten, zumindest «Beschwerden». Beide hatte er im Alter auch noch, natürlich, und zwar immer mehr. Aber jetzt waren sie zugleich angsterregende Zeichen, Signale des Schreckens. Sein Körper deutete auf die Katastrophe, am Ende aufs Ende. Er war das neue Orakel. Man musste ihn gar nicht zum Reden bringen. Das tat er ganz von alleine.

«BESCHWERDEN». – Ein treffendes Wort. Es schließt die Klage bei einer Recht sprechenden Instanz ein. Nur dass man nicht weiß, wo man sie einreichen soll.

WILDE HOFFNUNG. – Die Einnahme eines Medikaments, das die Symptome verschwinden ließ. Eine wilde Hoffnung keimte in ihm auf: Sollte er gesund geworden sein?

NOCH FREI. – Ein halbkranker Tag, den er halbfreiwillig im Haus verbringt, ist wie ein moderates Training für das, was dem Alternden immer häufiger immer unfreiwilliger bevorsteht. Die halbfreie Wahl sagt ihm noch: «Du könntest auch ausgehen, wenn du nur wolltest. Aber du willst nicht.» Welche gnädige Illusion! Der Gefängnisinsasse von demnächst, der sich noch in der Freiheit wähnt.

«TUMOR OHNE RAUM». – Die «Raumforderung» eines Gehirntumors: Der neurologische Sprachgebrauch bringt die neuere deutsche Geschichte auf einen plastischen Begriff: Das deutsche Volk – ein Tumor ohne Raum.

GESTÖRT. – Solange die Augen gesund sind, bemerkt man ihre Tätigkeit nicht. Erst im Moment ihrer Erkrankung realisiert man, dass die Wahrnehmung der Welt von einem fragilen Organ abhängig ist. Vorher war man objektiv, bei den Sachen selbst; nun weiß man, dass man einmal gesehen hat und wie viel, wie wenig man jetzt noch sieht. Die idealistische Welterzeugung, das Innewerden seiner selbst als weltbildender Subjektivität, ist ein Störungssymptom. Bewusstsein aus Erkrankung.

PRÄSENIL. – Das immer schlechter werdende Gedächtnis. Die grassierenden Konzentrationsstörungen. Das unablässige Verlieren und Verlegen: Jeden Tag schritt die Sklerotisierung fort. Kein Zweifel, er litt an Alzheimer.

Doch dann entdeckte er, dass es noch eine andere Krankheit gibt, die alle anderen, vor allem den Alzheimer, erklärt. «Präseniler Beeinträchtigungswahn» heißt sie. Psychiatrisch wird sie einseitigerweise bloß als Form des Verfolgungswahns verstanden. Die Welt will uns übel – und so beeinträchtigt sie uns, wie und wo sie kann. Aber wenn er den «präsenilen Beeinträchtigungswahn» so verstände, dass er sich nur einbildete, beeinträchtigt zu sein? Welche Erleichterung wäre das! Diese Krankheit nähme er gerne für alle anderen in Kauf. Ja, fast konnte er sich schon wieder zu den Gesunden rechnen. Den Altersmalus natürlich abgerechnet. Doch war nicht auch der ein Symptom des «präsenilen ...» – ja, wie hieß die Krankheit denn noch?

GNADENTOD. – Um die Philosophie einer Sprache wahrzunehmen, muss man auf ihre Reime hören. Im Lateinischen etwa reimt sich «dementia» auf «clementia». Die Demenz ist der Gnadentod.

ALTER, SO UND SO. – Die einen werden debil und sind immer guter Laune. Die anderen bleiben bei vollem Bewusstsein. Sie leben ohne Narkose. Und sehen, wie das Leben an ihnen operiert.

KANT, DEMENT. – Was habe ich vergessen?
Wo soll ich suchen?
Was werde ich finden?

VERGESSLICH. – «Die Toten sind total vergesslich» (Günther Anders). Vielleicht deswegen fängt man schon im Alter alles zu vergessen an. Noch muss man üben. Aber man macht mit jedem Tag neue Fortschritte. Bis am Ende nichts mehr zu vergessen übrig bleibt. Dann ist man tot. Und hat selbst das vergessen.

WIEDERHOLUNGSZWANG. – Die Wonnen des Altwerdens: Fast alles vergessen, nur die fatalen Zwangsvorstellungen, die rituellen Zwangshandlungen nicht. Das schwindende Gedächtnis scheint seine ganze Restfunktion mit masochistischer Hartnäckigkeit in den Wiederholungszwang zu investieren. Gedächtnis ist Wiederholung, der Wiederholungszwang aber seine grausame Parodie. O dass man doch total von Amnesie geschlagen wäre! Kein Wunder, dass Freud den Todestrieb vom Wiederholungszwang abgeleitet hat.

DA CAPO. – Auf seine alten Tage begann er, Bücher zum zweiten, manchmal auch zum dritten Mal zu lesen. Er wusste noch, dass er sie schon einmal gelesen hatte. Aber an mehr konnte er sich nicht erinnern. Unglaublich, dass er das alles vergessen habe sollte. Aber das hatte den Vorzug, dass sich der Bestand seiner Bibliothek verdoppelt, verdreifacht hatte, ohne dass er auch nur ein einziges neues Buch hätte dazukaufen müssen. Wie ein Musiker spielte er auch als Leser ein «Da capo», «Da capo» ohne Unterlass ...

IMMER DERSELBE. – Im Abstand von vier Jahren verbrachte er ein zweites Gastsemester an einer amerikanischen Universität. Und irgend eines Abends überkam ihn die Lust auf irgend eine spannende Lektüre. Seiner eigenen Bibliothek für die Dauer des Aufenthalts beraubt, suchte er die Universitätsbibliothek auf. Wozu sollte er greifen? 18. Jahrhundert? 19. Jahrhundert? 20. Jahrhundert? Er durchwanderte die endlosen Regale, bis er sich für das zwanzigste entschied. Bei einem Autor, der für die Spannung seiner Erzählungen berühmt war, blieb er stehen. Was sollte er von ihm wählen? Er nahm irgend einen Band aus dem Regal und entlieh ihn. Zu Hause begann er, in dem Band zu blättern. Für welche Erzählung sollte er sich entscheiden? Er wählte irgend eine. Er las sich fest. Sie war tatsächlich spannend, ja, fesselnd. Eine Passage faszinierte ihn so, dass er tat, was er sonst bei spannender Lektüre nie tat: Er griff zu einem Bleistift, um sie, natürlich mit der gebotenen Zurückhaltung bei einer Leihgabe, zu markieren. Die Seite mit dem angefangenen Schlusssatz der Passage umblätternd, wollte er gerade den oberen Seitenrand mit seinem höchstpersönlichen Symbol versehen, dessen Bedeutung nur er kannte, als er sah, dass eben dort schon ein Anderer eben dieses höchstpersönliche Symbol angebracht hatte. Es verschlug ihm die Sprache: ein Doppelgänger! Nur: Er selber war dieser Doppelgänger. In genau derselben Weise aus genau denselben Motiven hatte er genau denselben Erzähler und genau dieselbe Erzählung gewählt und mit genau demselben höchstpersönlichen Zeichen markieren wollen, wie er es vor Jahren an genau demselben Platz getan hatte. Er griff sich an den Kopf. Alles hatte sich genauso wie damals abgespielt, ohne dass er sich auch nur einen Moment daran erinnert hatte. So sah es also mit seinem Gedächtnis und der Freiheit seines Geistes aus. Sollte man das nicht einen «unveränderlichen Charakter» nennen? In einer ersten Reaktion wollte er die Markierung ausradieren, gewissermaßen sich selber ausradieren. Aber wie würde er dann beim nächsten Besuch feststellen können, dass er schon einmal – doch was hieß da «einmal»? – da gewesen war. Besser, er ließ die Markierung für das nächste Mal stehen. Dann würde er sich von neuem wiederbegegnen können.

DIE FLASCHE. – Sie steht am Anfang und am Ende. Sie nährt das frühe Leben und beschwingt das späte. Aber sie sorgt auch dafür, dass man es rechtzeitig hinter sich lässt. Erst nuckeln, dann lallen: so rundet sich die Trinkerbiographie.

«FLASCHENHALS». – Viele Jahre lang hatte er dem Höhenrausch den Vorzug vor den anderen Räuschen gegeben. Aber dann hatte er sich immer mehr dem Geist aus der Flasche ergeben. Das Gute daran war, dass das nicht mit dem Höhenrausch vereinbar war: Er kam einfach nicht mehr hoch genug. Wenn er doch noch davon träumte, dann vom «Flaschenhals» am «K2».

BLUT UND WASSER. – Wenn er sich zum Zweck der Selbstdisziplinierung klarzumachen versuchte, welche seiner Organe er Glas um Glas, Flasche um Flasche attackierte, griff er sich – in dieser Reihenfolge – erst an den Kopf und dann in die rechte Seite. Noch immer hielt er an den alten Prioritäten fest, unverbesserlich cerebral. Die rechte Seite mochte man später öffnen. Er war sich sicher: Es flösse Blut und Wein, aber kein Wasser hervor.

DIE WERTE. – Es ging aufwärts! Die Leberwerte, das Cholesterin (auch wenn es nicht das gute war), der PSA-Wert … Sie alle stiegen. Wenn es weiter so aufwärts ging, durfte er zuversichtlich auf Zirrhose, Verkalkung, Alzheimer sowieso und reichlich auf Inkontinenz und Impotenz rechnen. Ja, auf die Werte war Verlass, jenseits aller Werte-Debatten.

VOM TRINKEN. – Weit entfernt von der Barbarei seiner Herkunft, wo man sein Heil in der Kirche gesucht und im Übrigen Schnaps und Bier getrunken hatte, war er zum Weintrinker geworden. Eine unerwartete Erfahrung, dass das Medikament gut schmecken konnte, mit dem man die Krankheit des Lebens wenigstens für Momente heilte. Umso schwieriger war es hier, Maß zu halten. Aristoteles hatte nicht als Weintrinker gesprochen, als er, dieser Oberlangweiler, dieser Moderator der philosophischen Spießervernunft, dem Exzess sein «Meden agan! Nichts im Übermaß!» verordnete. Aber er hatte wie üblich recht. Die überschießende Weintherapie war mit zunehmendem Alter an ihre Grenzen gekommen. Gnadenlos dokumentierte seine Leber, was er ihr angetan hatte. Sie war die Nemesis der Maßlosigkeit. Sie legte Zeugnis ab. Sie war das Archiv seiner Sündenfälle. Er konnte nur darauf warten, dass sie dereinst zusammen mit ihm bestattet werden würde, es sei denn, er könnte sie wechseln wie eine vormals Geliebte. Die Transplantation als Fortführung der Transsubstantiation mit anderen Mitteln. Zunächst versuchte er, Heilung durch Abstinenz zu finden. Das ging eine Weile gut. Aber diese Lösung war viel zu radikal. Und auf die Dauer war das dürre Leben so nicht auszuhalten.
Dann bemühte er sich, den drohenden Quantitäten mit den Mitteln der Verfeinerung beizukommen. Der gute Wein sollte die Masse ersetzen. Doch je besser er schmeckte, desto mehr wollte er davon. Auch waren die besseren nur allzu oft die stärkeren Weine.
Er probierte weiter, indem er die Trinktechnik veränderte. Die ersten Gläser mischte er mit Mineralwasser, so dass der Alkohol in erfreulich kurzer Zeit ins Blut ging und schneller für den nötigen Euphoriepegel sorgte, bevor er noch diesen oder jenen ungemischten Wein trank. Aber auch bei dieser Methode war es wie bei allen Süchten: Er musste immer mehr trinken, um den glückseligen Status quo zu erhalten. Die Sprachforschung hatte gerätselt, warum es, anders als beim «Satt»-Werden des Hungers, kein Eigenschaftswort für den gestillten Durst gab. Sie hatte es mit dem hübschen Wort «sitt» versucht. Aber die Antwort auf das Wort-Vakuum des

Trinkers war viel einfacher: Es gab eben keine Stillung. Trotz aller Anstrengungen wurde er nicht «sitt».

Umso schwieriger wurde es, beim Trinken ein Ende zu finden. Allerdings hatte er den alten Trost: Seine Leber würde ihm doch irgendwann zu Hilfe kommen. Er musste sich nur entschließen, sie schon jetzt und ein für alle Mal auf dem Altar des Dionysos, des trinkenden Gottes, zu opfern. So würde er zu guter Letzt auf seine Weise sogar wieder fromm.

Vom Tode

DIE UHR. – Sein alter Vater, wie er immer andächtig seine Uhr aufzog, mit den Lippen lautlos die Male zählend.

SEIN OHNE ZEIT. – Seit über vierzig Jahren trug er keine Uhr mehr. Wollte er nicht wissen, wie spät es war? Oder war er am Ende gar ein freier Mann, frei von der Zeit?

KAPUTT. – Er besucht mit der kleinen J. (5) eine Burgruine aus dem 16. Jahrhundert.

Was ist das?
Eine Burgruine.
Was ist eine Burgruine?
Eine kaputte Burg.
Sind die Leute aus der Burg auch kaputt?
Sie sind tot.
Wie, tot?
Einfach tot, seit 500 Jahren.
Was ist tot?
Sie sind ganz kaputt.
Warum?
Weil sie gestorben sind. Wenn man gestorben ist, ist man tot.
Warum sind sie gestorben?
Irgendwann sterben alle.
Ich auch?
Du auch.
Mama und Papa auch?
Mama und Papa auch.
Und Großmama und Großpapa?
Alle sterben. Großmama und Großpapa vielleicht zuerst.
Warum?
Weil sie alt sind. Ihr Herz hört auf zu schlagen.
Und dann?
Dann sind sie tot.
Wo sind sie, wenn sie tot sind?
Auf dem Friedhof.
Was ist das?
Ein Platz, wo die Toten sind.
Was machen die da?

Sie sind tot.

Kann ich sie mal sehen?

Sie sind unter der Erde.

Ich will zum Friedhof.

Morgen.

Warum erst morgen?

Die Toten rennen nicht weg.

Können die nicht mehr rennen?

Die sind ja tot.

Was ist tot?

Wenn man ganz kaputt ist.

Wie die Burg?

Wie die Burg. Die ist aber noch nicht ganz kaputt.

«NOCHMAL». – Werden die Kinder beim Versteckspielen gefunden, müssen sie in der nächsten Runde suchen. Bis sie die anderen gefunden haben. Und wieder gesucht werden. Und so weiter. Das zeichnet die Kinderspiele aus: dass es weitergeht. Man sagt, dass sie den Ernst des Lebens noch nicht kennen. Weit gefehlt. Vom Ernst des Sterbens wissen sie noch nichts. «Nochmal» ist ihr Lieblingswort.

PARADOX. – Entstehen, um zu vergehen – what's the use of it?

BEI TROST? – Was kann uns bewegen, in einem Spiel mitzuspielen, von dem wir wissen, dass wir es am Ende verlieren werden? Sind wir denn bei Trost?

TRAUM VOM FLIEGEN. – Der Traum vom Fliegen wird am intensivsten von den Kletterern erlebt. Nur dass er so kurz ist.

LETZTER HÖHENRAUSCH. – «Runter kommst du immer», sagen die Bergsteiger. Das stimmt nicht in jedem Fall. Manche müssen oben sterben und kommen nicht einmal als Leiche «runter». Aber wer weiß, vielleicht erleben sie auch ihren letzten Höhenrausch.

LEBENSFILM. – Im Moment des Sterbens, sagt man, läuft der Film des Lebens noch einmal ab. Soll das ein Trost sein?

ENTEIGNUNG. – Wer wirklich wissen will, was eine Klassengesellschaft ist, der besuche eine Beerdigung. Da ist die Klasse derer, die alles noch haben: das Leben. Keiner, der ihr angehört, auch die nächsten Angehörigen nicht, teilt es mit dem Toten. Keiner der Überlebenden kann glauben, dass ihm noch irgendetwas gemein mit dem Toten wäre. Im Sarg aber liegt derjenige, der nichts mehr ist und hat, am wenigsten sich. Durch den Abgrund aller Abgründe ist er von den Besitzenden getrennt. Freilich werden auch sie demnächst enteignet.

GUTEN APPETIT! – Wesen, die nicht nur sterben wie die Tiere, sondern wissen, dass sie sterben werden, sterben unablässig. Erstaunlich, dass ihnen das nicht den Appetit auf das Leben nimmt.

AM SARG, IM SARG. – Blumen und Kränze bedecken den Sarg. Nein, sie decken ihn zu. So fällt es leichter, nicht an die Leiche zu denken, die im Sarg liegt und unwiderruflich vergehen, verwesen wird. Um keinen Preis möchte man sich klarmachen, was nun mit dem Körper, dem Gesicht geschieht. Tröstlich allerdings, dass im Sarg niemand mehr den Schrecken der Verwesung am eigenen Leibe erlebt.

TÖDLICHER BLITZ. – Wie die Geburt ist der Tod ein punktuelles Ereignis des Lebens. Aber das Todesbewusstsein hat daraus ein fatales Kontinuum gemacht. In diesem Todesbewusstsein sterben die Menschen jeglichen Tag. Nur ein böser Dämon konnte den Einfall haben, ihnen dieses Bewusstsein zu bescheren. Oder waren sie selber dieser Dämon?
Wie auch immer – sie lebten schlecht oder recht dahin, bis sie eines schlimmen Tages der tödliche Blitz des Todesbewusstseins traf. Und es war mit ihrer Heiterkeit vorbei. Wie in «Kleists Marionettentheater» ist seither nicht nur jede ihrer Bewegungen gestört. Sie selber sind gestört. Sie können nicht mehr bei sich sein. Und wenn sie doch einmal den Tod vergessen, so fallen sie mit dem nächsten Bewusstseinsschock umso heilloser wieder aus der Welt heraus.

MITTEN IM LEBEN. – «Media vita in morte sumus», «Mitten im Leben sind wir vom Tod umfangen»? Ja, es stimmt, doch anders als gedacht. Der Satz gilt nicht, weil der Tod jederzeit kommen könnte, sondern weil er in unserem Bewusstsein immer schon da ist. Nicht «das Sein bestimmt das Bewusstsein», sondern das Bewusstsein, das Todesbewusstsein, bestimmt das Sein. Hier. Jetzt. Der Trost nur, dass auch dieses Bewusstsein stirbt.

X. – «Die Stunde des Todes ist unbekannter als x.» Eigentlich gibt es nichts Unbekannteres als x – da lässt sich nichts steigern. Wenn gleichwohl ein Rechenkundiger wie der 1748 geborene Mathematiker und Astronom Thaddäus Rinderle, Professor an der Universität Freiburg, die Unbekanntheit der Todesstunde noch über das «x» hinaus steigern zu müssen glaubt, dann hat er seinen Grund. In der Tat folgt er nicht seiner mathematischen Logik, sondern seinem überkommenen christlichen Lebensgefühl, das seit jeher sagt: «Ihr wisst nicht den Tag noch die Stunde.»
Freilich ist das nur die halbe Wahrheit. Denn der Tod als solcher, wie auch Rinderle wusste, ist jederzeit gewiss. Deswegen hat der philosophische Nachfolger Rinderles, der Mesner-Sohn Martin Heidegger aus Messkirch, den Tod das Unbestimmte und zugleich das Gewisseste genannt.
Es ist eine paradoxe Pointe, mit der das Christentum die Sterblichen das Fürchten lehren wollte: Immer wissen, dass, aber nie wissen, wann! Dass sie jederzeit «mitten im Leben vom Tode umfangen seien», ohne die Todesstunde zu kennen, zwang die Sterblichen zu einem lebenslänglichen Bereitschaftsdienst. Nietzsches «O Mensch, gib acht!» war das ferne Echo davon.
Dieser Imperativ gilt auch noch für diejenigen, die dem Christentum längst entlaufen sind. Aber der Tod hat die Dramatik verloren, mit der er einst die Menschen bedrohte. Vielleicht ist er auch deswegen aus dem Gesichtsfeld der Moderne verschwunden. «Nie wissen, wann» – das nehmen die Jetztzeitigen achselzuckend als eine Trivialität zur Kenntnis. Allenfalls ist die unbekannte Todesstunde auf einen Zufall, einen Unfall geschrumpft. Doch auch das jederzeitige «Wissen, dass» ist so an den Rand gedrängt, dass es nur in pathologischen Sonderfällen, die mit überschießender Reflexion geschlagen sind, noch eine Bedeutung hat.
Vom lebenslänglichen Bereitschaftsdienst sind die Jetztzeitigen jedenfalls befreit. Der Sache nach sind sie zwar noch die Sterbenden.

Aber das hat keine schwerwiegenden, gegebenenfalls höllischen Konsequenzen mehr.

Übrigens ist Thaddäus Rinderle 1842 gestorben. Da war die Stunde seines Todes endlich bekannter als x.

KORREKTUR. – Nicht der Tod, wie man immer behauptet hat, sondern das Wissen vom Tode ist der Stifter der Philosophie. Nur dass diese dann vom Tod nichts mehr wissen will. Und der Religion mit ihrem famosen ewigen Leben das Feld überlässt.

AUSFLUCHT. – Als Platon das Philosophieren als Sterbenlernen verstand, meinte er das Absterben der Sinnlichkeit, Körperlichkeit – um im Himmel der Ideen zu leben. Das Sterben als Metapher. Er hätte es wörtlich nehmen müssen und ohne Rest. Doch er war unfähig, das Sterben zu lernen, am meisten, als er davon sprach.

PERFEKT. – «Totsein muss man nicht lernen» (Günther Anders) – jede Leiche ist von Anfang an darin perfekt –, sterben allerdings schon. Also üben, üben, üben!

WISSEN? – «Das Wissen vom Tod stirbt im Moment seines Entstehens» (Vladimir Jankélévitch). Es ist ein Wissen danach, totes Wissen vom Tod.

TRACTATUS THANATOLOGICO-PHILOSOPHICUS. – Als der Schopenhauerianer Ludwig Wittgenstein die Grenzen des Lebens bestimmte, war er so präzise wie sonst nie: «Der Tod ist kein Ereignis des Lebens. Den Tod erlebt man nicht.» Freilich, über das Sterben sprach er nicht. Aus Nachsicht?

VOM NAHEN TOD. – Die sogenannten «Nahtoderfahrungen» sind bei den spirituellen Experten sehr beliebt. Wahrscheinlich deswegen, weil das letzte, das entscheidende Kapitel dabei immer fehlt. «Nahtoderfahrungen» haben den immensen Vorzug, dass sie keine Todeserfahrungen sind.

MORITURI SE SALUTANT. – Trifft man auf einer vielbegangenen Straße unter lauter Fremden einen Freund, so wird auch diese Begegnung von der Fremdheit erfasst: Man sieht einander an, als wäre der Andere ein Vorübergehender. Und ist er das etwa nicht? Morituri se salutant.

MORITURI TE SALUTANT. – Seltsam, diese Geburtstagsfeiern, bei denen man einmal im Jahr Bekannten, nicht Befreundeten begegnet. Fehlt einer? Nein? Werden alle im nächsten Jahr wieder beisammen sein? Er stellte die Frage lieber zurück, um das zu tun, wozu alle zusammengekommen waren: Er trank, reichlich. Nur zwischendurch ging sein Blick in die Runde. Bis er in einem Fenster sein Spiegelbild sah.

ÄRZTE, PATIENTEN. – Sterben ist ansteckend, eine Epidemie. Doch alle Ärzte versagen hier. Alle, auch die Ärzte, sind Patienten.

UNHEILBAR. – Die kurrente Unterscheidung zwischen den «unheilbaren» und den offenbar «heilbaren» Kranken: welch ein unheilbarer Optimismus liegt darin. Die einen muss man abschreiben. Ihr Tod ist nur noch eine Datumsfrage. Die anderen dürfen hoffen. Wie gut für sie. Dass alle an einer unheilbaren Krankheit leiden, ist vergessen – nicht zuletzt dank dieser Unterscheidung. Die Krankheit ist jene Todeskrankheit, an der alle sterben: die Lebenskrankheit.

ER SCHREIBT. – Wieder zu Besuch bei einem unheilbar Kranken. Seit Jahren stirbt er hin. Irgendwann wird er ersticken. Alle Besucher bewundern seine Fassung. Er schreibt eindrucksvolle Gedichte, mehr denn je, Gedichte wie nie zuvor. Und doch warten alle auf seinen Tod. Schlechten Gewissens und besten Willens. Alle wünschen, dass sein Leiden ein Ende haben möge. Und auch ihr Mitleiden. Aber niemand spricht das aus. Fast niemand gesteht es sich ein. Und was will denn er selber? Ein Ende seiner Leiden? Oder gute Gedichte schreiben? Er sagt es nicht. Er schreibt.

«BESSER». – Die Menschen sind eine witzige Spezies. Fragt man kranke, aber hoffnungsvolle Morituri, wie es ihnen gehe, antworten sie gerne «besser». Sie scheinen zu glauben, dass es ihnen bald sogar wieder «gut»gehen werde. Dass es ihnen «sub specie mortis» stets nur solange gutgehen kann, bis es unvermeidlich immer schlechter geht, davon wollen sie nichts wissen. Sie unterscheiden zwischen Krankheit und Leben. Wie gut für sie.

«LEBENSGEFAHR, TODESGEFAHR». – «Lebensgefahr» und «Todesgefahr» meinen im Deutschen das Gleiche. Das gibt zu denken.

LEBENSLÄNGLICH. – Das Urteil lautete auf «lebenslänglich». Das war nicht so lange. Damit konnte man leben. Freilich, «lebenslänglich» als Urteil auf Bewährung, das gibt es nicht. Wer lebt, lebt lebenslänglich.

«DIE MENSCHEN SIND STERBLICH.» – Ein irreführendes Prädikat. Als ob das eine Eigenschaft unter vielen wäre. Als ob es ihnen nur möglicherweise widerfahren könnte. Die Menschen sterben, basta!

KURZ ÜBER LANG. – Wenn, nach Darwin, der Tod schnell kommt und kein Tier ihn fürchtet, so ist der Mensch trotz seiner Deszendenz kein Tier: Er fürchtet den Tod und macht ihn dadurch lang. Er ist der Idiot der Evolution.

DIE UNSTERBLICHEN TIERE. – Nur wenig bemerken die Menschen im Unterschied zu ihresgleichen vom Sterben der Tiere. Bloß die Bewohner der Bauernhöfe, die Jäger, die Metzger, die Arbeiter der Schlachthöfe, die Katzenfreunde und die Hundehalter machen hier eine Ausnahme. Sonst sterben die Tiere unbeobachtet, und selbst ihre Kadaver begegnen den Menschen nicht. So scheinen ausgerechnet die Tiere die Unsterblichen zu sein.

FLIEGENTOD. – Die Klatsche saust nieder und trifft. Noch vor einer Sekunde war diese Fliege «in der Welt». Sie hatte ihre, ja, sie war eine kleine Welt. Wenn sie hätte Auskunft geben können, wäre sie von ihrem ewigen Leben überzeugt gewesen. Doch nun ist es mit dem ewigen Fliegenleben nichts. In einem jähen Moment wurde sie ausgelöscht. Aus, Schluss, vorbei. Und es ist nicht nur ihr Fliegenleben, ihre Fliegenwelt – sie selbst ist vorbei, ohne dass der «Lord of the flies» sie gerettet hätte. Immerhin, er ist gnädig: Sie merkt nur die Klatsche. Und dann nichts mehr.

UND WIEDER DIE FLIEGENKLATSCHE. – Es muss sein; sonst treibt die Penetranz, mit der die Fliege ihn stört, den nächsten Aphorismus ab. Muss es wirklich sein? Während er zuschlägt, merkt er, wie sich seine Züge verhärten. L'appétit vient en mangeant, l'agression vient en tuant. Er entschuldigt sich mit dem grausamen Leben, das nun einmal allen den Krieg aller gegen alle abverlangt. Eine Weißwäscherphilosophie. Da kommt die nächste Fliege.

UNTER VERWANDTEN. – Die Erhaltung bedrohter Raubtierarten ist so generös wie paradox: Sie dürfen fressen, ohne gefressen zu werden. Geborenen Killern wird das Überleben ermöglicht. Und der Mensch als der mörderischste aller Killer hilft ihnen dabei. Will er etwas wiedergutmachen? Oder schützt er nur die verwandte Art?

PRIVILEG. – Dass die Menschen nicht wie die Tiere sterben, sondern dank ihres fatalen Todesbewusstseins «mitten im Leben vom Tod umfangen» sind, ist das prekärste aller anthropologischen Privilegien: Bewusstsein als Verhängnis. Aber immerhin, ein Privileg ist es in der Tat. Die östlichen Philosophien drücken es so aus: Nur Menschen sind potentielle direkte Anwärter auf die Buddhaschaft. Nur sie können ohne Aufschub ins Nirwana eingehen. Nur sie sind des unverzüglichen Erlöschens fähig, Nichts-fähig: Todesnähe als relativ qualifizierteste Lebensform. Alle anderen Lebewesen müssen einstweilen noch warten und den Weg über eine menschliche Inkarnation gehen. Dann erst ist es für sie Zeit.

UNTERM SCHWERT DES DAMOKLES. – Selten war ein Mythos realistischer. Was der griechische mit dem Leben unter dem «Damokles-Schwert» phantasiert hat, ist nichts als die Wahrheit. Alle Menschen leben unter diesem Schwert – solange, bis sie durch das Schwert sterben. Ja, sie wissen, dass es sie einmal, gleich wann, töten wird. Es gibt kein Entkommen. Darin freilich weicht die fatale Wirklichkeit des Lebens vom immer noch gnädigeren Mythos ab. Als ob es bloß um eine Gefahr ginge. Weit gefehlt! Der größte anzunehmende Unfall ist nicht einmal eine Sache der Statistik, sondern die sicherste, unwiderleglichste aller Prognosen. Es wird ein schlimmes Ende nehmen. Und damit sollte man leben können?

Es bleibt allerdings der Trost, dass das Schwert des Damokles über keinem Toten mehr hängt.

EIN VORSOKRATIKER. – «Sterben, nein, das bleibe fern; doch tot sein, das macht mir nichts aus», hat der Vorsokratiker Epicharmos gesagt, ziemlich salopp, fast schnoddrig. Er wollte sich wohl nicht ins Bockshorn jagen lassen. Recht hatte er.
Alle Formen der Todesfurcht missverstehen den Tod als schmerzliche Erfahrung des Endes. Aus der Perspektive der Sterbenden oder Überlebenden liegt das nahe, weil ihr Leben oder das eines Anderen für sie tatsächlich endet. Den Toten aber wird das Ende des Endens zuteil. Dafür genügt es, dass die Sterbenden zu Toten werden. Der Tod macht den Toten nichts. Mit Epicharmos müsste man tot sein, wenngleich wie er vielleicht lieber nicht sterben.

ENDE EINER GLÜHBIRNE. – Das Ende einer Glühbirne erträgt man in der Regel mit Fassung: Es war eben der programmierte Zeitzünder, die ihr bestimmte Leucht- und Lebenszeit. Warum also trauern, wenn eine Lichtquelle zu leuchten aufhört? Irgendwann konnte man es kommen sehen. Bei Licht betrachtet.

TROST. – Ja, der Tod ist tödlich. Tödlich ohne Rest. Das ist sein Trost. Woher also die Angst?

WEIT GENUG. – Man muss in der Verneinung nur weit genug gehen. Sonst bleiben die Wundmale der Negativität. Aber sie verschwinden mit ihrem Träger.

KEIN MÄNGELWESEN. – Was wäre, wenn «er» nicht wäre, nicht geworden wäre? Kein Mangel, keine Fülle. Aber auch kein Mangel an Fülle und keine Fülle an Mängeln. Nur die Gebürtigen sind Mängelwesen. Und erst die Toten sind in ihrer Art wieder perfekt.

REIHE, NICHT GLIED. – Die Lebensparadoxie der Kinderlosen: Resultat einer langen Reihe von Ahnen zu sein – und selber die Fortsetzung der Reihe als eines ihrer Glieder zu verweigern. Undank ist der Welt Tod.

«NEGATIV», «POSITIV». – Die Eigentümlichkeit des medizinischen Wortgebrauchs impliziert eine ganze Philosophie: Ein «negativer» Befund ist in Wahrheit ein positiver, ein «positiver» leider, leider ein negativer. Die Mediziner sind eben Dialektiker: Sie lieben die paradoxe Pointe. Und sie sind bekennende Nihilisten: Sie haben begriffen, dass das «Negative» und die «Negation» das einzig Wünschenswerte sind.

TÖDLICHES PRÄDIKAT. – Derrida hat Recht: Der Satz «Ich bin tot» ist «die unmögliche Aussage schlechthin». Wer sollte ihn sagen, wer diesem Subjekt dieses Prädikat zuschreiben können? Doch selbst den Satz «Er/Sie ist tot» kann man nicht sagen, wenn man ihn überhaupt sagen will. Denn wer wäre jener «Er», jene «Sie» von denen man sagen könnte, dass sie «tot» wären und gleichwohl «sie» blieben?

NACHRUF. – Ausgerechnet beim «unbekannten Soldaten» weiß man ganz genau, wofür er gestorben ist: für Gott, König, Vaterland.

GRÜNDLICH. – Die «schwarzen Löcher»: Alles geht hinein – nichts kommt mehr heraus. Gründlicher kann nichts den Müll des Kosmos entsorgen. Im Leben heißen die schwarzen Löcher Tod.

KATHARSIS. – «Das Sein und das Nichts»? Zu viel der Ehre. Günther Anders hat es angemessen frivol gesagt: «Die Seierei», eine Sauerei – und ihre Bereinigung. Ontologische Katharsis.

DAS LEBEN, EIN TRAUM. – Wieder aus einem elenden Traum erwacht. «Träume sind Wunscherfüllungen»? Selten hat Freud so phantasiert wie da, wo seine Traumdeutung zur Wunscherfüllung wird, vor allem der seinigen. Selten hat er sich so vertan. Und dann noch sein schamloser Sophismus: Wenn der Traum selber keine Wunscherfüllung hergibt, so soll es wenigstens das Aufwachen tun. Selbst das ist nicht immer erfreulich. Noch im Erwachen bleibt etwas von dem nächtlichen Elend. Lässt man aber die schöne Mär versuchsweise gelten, was besagt dann die Wunscherfüllungstheorie? Nach ihrer fabelhaften Logik, die dem Traum das Ende des

Traums gutschreibt, gewährt selbst das größte Elend Wunscherfüllung – vorausgesetzt nur, dass man aus ihm erwacht. So kann man sich in der Tat des Lebens freuen: «Das Leben, ein Traum» – wenn es aufhört.

BLINDENPHILOSOPHIE. – «I have a dream»: Seltsam, dass der «Traum» immer noch das Schöne, das Wünschenswerte verspricht. Für ihn waren Traum und Alptraum identisch. Aber die meisten anderen müssen offenbar nur die Augen schließen, damit sie sehen, was sie sich wünschen. Eine Blindenphilosophie.

ERWACHEN. – Er träumte. Wider Erwarten war er nach seinem Tode aufgewacht. «Potztausend», sagte er, «das hätte ich nicht gedacht.» Und lachte – bis er erwachte.

ERLÖSUNG, DEIN NAME IST TOD. – Die Philosophie der Todesanzeigen ist noch nicht recht gewürdigt. Sie sprechen bei schwerem Leiden gerne von «Erlösung» und meinen den Tod. Auch gläubige Christen, die den Gottessohn als «Erlöser» anrufen, räumen so dem Tod die wahre Erlöser-Rolle ein, wenn auch nur dem Tod auf Zeit, mit Auferstehungsgarantie.
Gleichzeitig gerät freilich ihre christliche Liebe ins Zwielicht. Gewiss meinen sie mit «Erlösung» diejenige des von seinem Leiden Erlösten. Aber spürbar erlöst atmen auch die Überlebenden auf. Es ist nicht einmal eine Etikettvertauschung. Die Erlösung des Einen ist vielmehr zugleich die der Anderen. So oder so: Erlösung, dein Name ist Tod.

SCHÖNE STILLE. – Wahrscheinlich ist jeder Tod anstrengend, ein «Todeskampf», den man verlieren wird, ein letztes hartes Stück Arbeit, das keinen Lohn mehr trägt. Aber es gibt auch die Verheißung: endlich Ruhe, die schöne stille Nacht, die «requies aeterna», die die Gottesanbeter mit dem «ewigen Licht» verwechseln. Es kommt nur darauf an, den Kampf beizeiten aufzugeben.

IMMER LEISER. – Der erste Schrei der Neugeborenen bekundet ihren Eigenwillen, das erste Weinen das Nicht-einverstanden-Sein: die Geburt der Person aus dem Geist der Verneinung. Später, im

Alter, geht der Protest andere Wege. Er wird leiser. Man hat gemerkt, dass Schreien und Weinen nicht hilft. Vielleicht ist es auch zu anstrengend geworden. Am Ende wird man still. Da ist man schon ganz nahe am Ziel.

«REM». – «Der Zwillingsbruder des Schlafes» – an ihn hat man seit Sokrates' gelassenem Abschied gerne geglaubt. Der Tod, ein tieferer Schlaf. Wie weit war selbst Hamlet mit seiner Angst, was nach dem Tode kommen könnte, hinter Sokrates zurückgefallen. Doch dann kam die Schlafforschung und hat uns über die Unruhe des Schlafes belehrt. «REM», «Rapid Eye Movement» lautet nun der neue Name des alten Alptraums. «Meine Ruh' ist dahin, mein Herz ist mir schwer.» Es fehlte noch, dass die Thanatologen das «Lethal Eye Movement» entdeckten. Selbst mit der Todesruhe wäre es nichts. Sollte man dem nicht zuvorkommen, bevor es zu spät ist? Oder schlafen wir besser noch einmal darüber?

WIE HARMLOS. – Solons Satz, dass niemand vor seinem Tode glücklich zu preisen sei, wird immer so verstanden, dass er an die Unberechenbarkeit des Lebens vor seinem Ende, an die Erschütterbarkeit des Glücks gedacht habe; erst der Tod gestatte eine sichere Bilanz. Wie harmlos. Solon hat es gründlicher gemeint.

TOD ODER GOTT. – Ob man tot oder ein Gott ist, kommt auf das Gleiche hinaus: so das Paradox Epikurs. Die Toten wie die Götter kümmert nichts, wie sie sich um nichts bekümmern.

«GOTTSEIDANK»? – Todseidank!

HÖFLICH. – Sokrates' Antwort auf Kritons Frage, wie er begraben zu werden wünsche: «Wie immer ihr wollt.» Gibt es eine höflichere Form zu sagen: «Es ist mir gleich», «dem Toten ist alles gleich»?

JA UND? – Angst, so hat man nicht erst von Heidegger erfahren, gilt dem Namenlosen, der unfassbaren Gefahr. Deswegen muss die Philosophie, wenn sie Überwindung der Angst sein will, dem Alp des Unvorstellbaren Konturen geben, das Schlimmstmögliche denken und dann fragen: «So what? Ja und?» Dass es auch danach weitergeht, ist nicht die Katastrophe, sondern deren Überwindung. Wo freilich der Tod der Schrecken aller Schrecken ist, da scheint die Angst an ihr phobisches «Non-plus-ultra» zu kommen, jenseits dessen es überhaupt nicht mehr weitergeht. Doch dann ist es auch nicht mehr nötig, «So what?» und «Ja und?» zu sagen. Gerade das Definitive überwindet die Angst.

NÜTZLICHER TRIEB. – Wenn die Menschen keinen Todestrieb hätten, wie könnten sie es aushalten, nicht bloß sterbliche, sondern mit vorauseilendem Todesbewusstsein geschlagene Wesen zu sein? Aber sie haben ihn ja, Gottseidank. Endlich einmal ein Trieb, der zu etwas nutze ist.

GRENZEN DES GENUSSES. – Das Vorrecht der Toten: nicht mehr sterben zu müssen. Der Tod ist es, der sie vom Sterben heilt. Aber leider können sie das nicht genießen. Endlich einmal widerfährt ihnen etwas wirklich Gutes. Und dann bekommen sie es nicht mit.

EIN GESPRÄCH. – Ob er glaube, dass sie unsterblich sei, wurde er von einer Dame gefragt. Dafür kenne er sie noch nicht genügend, war seine Antwort.

«ICH»? – «Ex nihilo nihil fit», sehr wohl, Zelle und Ei sind nicht Nichts, sondern Etwas. Aber sagt man «Ich» zu einem Zellhaufen?
«Ad nihilum nihil fit», sehr wohl. Es bleibt immer Etwas. «Semper aliquid haeret.»
Aber sagt man «Ich» zu einer Leiche?

ERLEICHTERT. – «Das Schlimmste habe ich hinter mir», sagte er und verschied.

Von der Selbsttötung

(VOR-)LETZTE HEITERKEIT. – Die witzigen Zeiten, in denen der «Selbstmord» noch als Verbrechen geahndet wurde, auf dem die Todesstrafe stand. Das Mutterland des Witzes, das große Britannien, hat nicht umsonst am längsten daran festgehalten. Der «Selbstmörder» lacht sich darüber noch einmal schief, bevor er Hand an sich legt. Sein letzter Moment ist auch sein heiterster. Er muss nur aufpassen, dass es nicht sein vorletzter bleibt.

VERRÜCKT. – Über keine Handlung hatte er sich so viele Gedanken gemacht wie über die Selbsttötung. Vermutlich deswegen erklärte man den Selbstmörder für verrückt.

«SELF-FULFILLING PROPHECY». – Autoren, die über die Selbsttötung schreiben, müssen vermeiden, dass man sie von ihnen erwartet. Die «self-fulfilling prophecy» ist ihre Gefahr.

SPANNUNG. – Ereignislos war sein Leben nicht gewesen. Doch was für ein Unterschied zu dem Leben davor, im Halbjahrhundert der Kriege, das jederzeit vom Tod bedroht gewesen war; dessen Überlebenskämpfe die Energien gebunden hatten. Sein Todestrieb war fruchtlos, formlos, adressatenlos geblieben. Und es bestand im neuen Jahrhundert kaum Aussicht, dass sich das noch ändern könnte. Freilich hatte er darüber nicht vergessen, dass immer ein tödlicher Begleiter mit ihm war, den er stets hatte rufen können und jederzeit würde rufen können. Er hatte Spannung in sein Leben gebracht. Insofern waren selbst die Kriege überflüssig geworden. Immerhin ein Trost.

DER TOD DER BERGE. – Er las in einem Kletterführer, den er früher oft benutzt hatte. Diesen Gipfel hatte er erstiegen und den und den. Und jenen Gipfel hatte er noch ersteigen wollen und den und den ... So unendlich viel Zeit hatte zur Verfügung gestanden, so viele Möglichkeiten hatte er noch gehabt. Jetzt aber wusste er, dass er keinen von diesen Gipfeln mehr ersteigen würde. Alle waren für ihn gestorben – vor ihm. Das hatte etwas Beruhigendes. Der Tod der Berge war dem Tod in den Bergen zuvorgekommen. Freilich musste er sich nun nach anderen Möglichkeiten umsehen, wie er zu seinem Tode kam.

SOLL MAN IHM GLAUBEN? – Was ist von der Ernsthaftigkeit eines Philosophen zu halten, der unablässig die Selbsttötung feiert und es zu 84 friedlich endenden Lebensjahren bringt?

Was von einem Nihilisten, der das Sein, die Schöpfung, die Geburt verflucht und aus diesem Fluch eine mephistophelisch unterhaltsame schwarze Messe macht?

Unter den nächtigen Geistern der Philosophiegeschichte ist Emile Cioran der luzideste, offenherzigste, aber auch der unglaubwürdigste. Solange man lebt, kann man nicht ununterbrochen in der Hölle sein.

SELBSTTÖTUNG IM KULTURVERGLEICH. – Dass in Japan zum Ehrenkodex gehört, was in Europa die Verdammnis einbringt! Die Menschen mögen gleich sein, aber nicht die Suizidanten.

SEPPUKU. – «Seppuku», im Westen besser als «Harakiri» bekannt, gilt als die ästhetischste Form der Selbsttötung. Der Seidenkimono, das letzte, kalligraphisch getuschte Gedicht – ja, das ist alles sehr schön. Bis das Kurzschwert durch die Gedärme schneidet und ein Strom von Blut und Scheiße dem Bauch entquillt. Die Große Besudelung. Zwischen Seide und Gedicht die Öffnung der menschlichen Kloake. Erst die Exekution des Assistenten, der den Besudelten köpft, stellt die Würde des Suizidanten wieder her. Da lobt man sich das Abendland: Schlafend in den Tod. Keine Scheiße, keine blutige Gewalttat. Sokrates nimmt den Becher. Dann Friede. Nichts weiteres mehr.

DIE IKONE DER PHILOSOPHIE. – Der Tod des Sokrates: die Ikone der Philosophie. Sokrates selber versteht seinen Tod als Hinrichtung, die er nur am eigenen Leibe vollzieht. Doch in Wahrheit preist er die Vorzüge des Todes. Man begreift, warum er aus freien Stücken den Schierlingsbecher leert. Die Ikone der Philosophie ist die Ikone der Selbsttötung.

HAHNENSCHREI. – Sokrates' Bitte an seine Freunde, nach seinem Tod dem Asklepios einen Hahn zu opfern – Nietzsche hat sie verstanden: Es war der Dank an den Lebensarzt für die gründlichste seiner Kuren. Aber warum einen Hahn? Warum noch ein Opfer?

Weil der Hahn ein Weckrufer ist? Weil der Hahnenschrei so stört, dass man am besten auch ihm gleich den Hals umdreht? Oder weil der Hahn noch auf dem Misthaufen des Lebens kräht? Er entschloss sich, bei nächster Gelegenheit Sokrates selber zu fragen.

DER BECHER. – Es ist nicht bekannt, ob Jesus von Sokrates gewusst hat – seine philosophische Bildung war mangelhaft. Aber er stimmte vor allem in einem mit Sokrates überein: Auch er trank freiwillig aus dem Becher. Auch er trank sich den Tod.
Danach freilich trennen sich die Wege. Sokrates geht in den traumlosen ewigen Schlaf. Jesus aber fährt nach dem Abstieg zur Hölle, den Sokrates nicht kennt, als wieder Auferstandener in den Himmel auf. Vom tieferen Schlaf will er nichts wissen. Vielleicht, weil er nicht genug getrunken hat?

REINER WEIN. – Es lässt hoffen, dass am Lebensende des Sokrates wie des Jesus von Nazareth ein gut gefüllter Becher steht. Beide enden als Trinker. Freilich als moderate. Ihre Vor- und Nachfahren haben es durchweg vom Becher zu mindestens einer ganzen Flasche gebracht. Erstaunlich nur, dass diese zu höheren Jahren kamen. Aber sie tranken im Gegensatz zu Sokrates und Jesus ja auch reinen Wein.

KEIN SCHÖNES BILD. – Judas war der Erste, der vom christlichen Selbstmordverbot betroffen war. Seine Verzweiflung war eine noch größere Sünde als sein Verrat. Sie wurde ihm noch weniger als der Verrat verziehen. Fortan hing seine Leiche am Baum des Lebens. Ein Erhängter und ein Gekreuzigter stehen am Anfang des Christentums. Kein schönes Bild.

JESUS UND JUDAS. – Wer über das Leben, sein Weiterleben entscheiden kann, wird in einer Hinsicht sogar mehr als Gott: Er wird Verursacher seines Endes. Denn Gott, glaubt man den alten Erzählungen von ihm, kann sich nur positiv für sich, sein Leben entscheiden. Er kann nicht aus dem Leben scheiden. Wie beschränkt in seinen Möglichkeiten er ist! Dabei war der biblische Gottessohn, der in die Welt kam, um zu sterben, ein überaus eindrucksvoller Selbstmörder, fast wie Judas. Aber gerade weil sie so ähnlich waren, mussten sie unterschiedliche Wege gehen. Die Selbsttötung des Erlösers blieb indirekt: Seinem Willen gemäß wurde er von anderen ans Kreuz geschlagen, deren Beihilfe er brauchte, um nicht selber Hand an sich legen zu müssen, während der Verräter Judas sich erhängte, nachdem er die Schuld auf sich geladen hatte, und unverzüglich der Hölle verfiel. Er ist der unglückliche Bruder, der Sterbehelfer des Gottessohnes.

VERDAMMT. – Als das Christentum aus der Selbsttötung den «Selbstmord» machte, da untersagte es den Menschen jene Möglichkeit, die für die griechische und römische Antike der Grund ihrer Gelassenheit und Freiheit gewesen war. Seither sind die Sterblichen zum Leben verdammt.

LE SUICIDE, C'EST LE VOL. – Nur Sklaven und Soldaten war im Alten Rom der Selbstmord untersagt. Die Sklaven vergingen sich am Eigentum eines Anderen, indem sie sich an sich vergingen. Le suicide, c'est le vol. Die Soldaten sollten andere töten, nicht sich, und abwarten, bis die Feinde sie töteten. Gehorsamsverweigerung und Diebstahl sind offenbar die beiden provozierendsten Aspekte der Selbsttötung.

TORTUREN. – Die Konfiskation des Vermögens; die Vorenthaltung des christlichen Begräbnisses; die Folterung der Leiche; die Androhung ewiger Verdammnis – die Sanktionen, mit denen das Christentum das Verbot der Selbsttötung bewehrt hat, lassen keinen sadistischen Wunsch offen. Aber sie zeigen auch, was man aufbieten musste, um der bedrängten Seele den Weg in den Tod zu versperren.

RESPEKT! – Kein Selbstmordtabu hat die Selbsttötung verhindern, keine forcierte theologische, moralische, juristische Verurteilung die Suizidraten mindern können. Der Mensch hat sich sein Menschenrecht auf den freien Tod nicht nehmen lassen. Respekt!

TOTGEBURT. – Totgeborene und Selbstmörder wurden nicht auf den Friedhöfen beerdigt. Offenbar wurden sie auf dieselbe Stufe gestellt: Die Totgeborenen waren in Wahrheit Selbstmörder, die das Leben verweigert hatten. Die Selbstmörder waren Totgeborene: Sie hatten ihre Geburt nicht gewollt.

VERSUCHUNG. – In der Geschichte der Selbsttötung haben diejenigen sie am heftigsten verworfen, die in ihr eine teuflische Verführung sahen. Sie haben am klarsten gesehen, was die Selbsttötung ist: die Versuchung der Versuchungen, eine Attraktion sondergleichen.

TODSÜNDE. – In einem Punkt haben die Frommen im Lande mit ihrer Verwerfung der Selbsttötung als «Selbstmord» recht: Gesetzt, es gäbe einen Schöpfer und eine Schöpfung, dann wäre die Beendigung eines Lebens in der Tat die frevelhafteste, radikalste Kriegserklärung an dessen Urheber: die «Todsünde» im buchstäblichen Sinn. Der «Selbstmörder» will vom «Geschenk des Lebens» und dem «Licht der Welt» nichts wissen. Im Gegenteil, dankend lehnt er ab. Der Schöpfer mag sehen, wo er mit seinen unverlangten Geschenken bleibt. Aber leider Gottes hat der «Selbstmörder» nicht einmal die Befriedigung, eine «Todsünde» begehen zu können. Es fehlt ihm der Adressat.

ZUM VERZWEIFELN. – Das Christentum hat die Verzweiflung bekämpft, indem es dem, der an der Gnade verzweifelte, keine Hoffnung auf Gnade mehr ließ. Mit Fleiß sprach es von der Sünde wider den Heiligen Geist der Hoffnung, um dem, der sich gegen ihn versündigte, eben die Hoffnung zu nehmen. Fürwahr eine Liebesreligion. Wer verzweifelte, hatte Grund, verzweifelt zu sein.

UMSONST. – Es ist das düsterste aller Worte Adornos: «Wer verzweifelt stirbt, dessen ganzes Leben ist umsonst.» Und welch ein strenges Wort! Wie muss man sich unter der Drohung dieses Verdikts anstrengen, um keinen Preis zu verzweifeln. Die Verzweiflung wäre die Sünde wider den Heiligen Geist der Kritischen Theorie. Wie aber nicht verzweifeln, wenn man in jedem Fall «umsonst» stirbt?

ÄRGERNISSE. – Dass man willentlich aus dem Leben scheiden kann, ist der «anima naturaliter christiana» seit je ein Ärgernis. Deswegen nimmt sie noch die «Selbstmörder» wider deren Willen in Dienst. Indem sie ihnen einerseits die Sünde aller Sünden, die buchstäbliche Tod-Sünde vorwirft, macht sie auf der anderen Seite den üblichen Tod der Sterblichen zum gehorsamen, zum gottgewollten Tod. Gäbe es die Selbsttötung nicht, dann wäre selbst für die guten Christen der Tod womöglich ein Ärgernis. Aber so werden sie vor der Auflehnung gerettet. Ärgernisse müssen zwar kommen, wichtiger aber, wie und durch wen sie kommen.

DAS SEINSGEFÄNGNIS. – Erstaunlich, mit welcher Leidenschaft die Theologen den Menschen für frei erklären. Freilich tun sie es nicht um der Freiheit willen. Ihnen ist es um die Schuldfähigkeit zu tun. Denn sie wissen, dass ihr Gott und sie davon leben, dass die Sünder von Schuld und Scham gepeinigt werden. Immer sind sie die theologischen Zeugen der Anklage, Gottes furchtbare Juristen. Aber welche Verrenkungen machen sie, die Freiheit, die sie dem Menschen aufgeladen haben, wieder zu nehmen! Die Freiheit zum Tode ist ihr bevorzugtes Angriffsobjekt. Ihre Logik: Wenn der Mensch nicht durch sich lebt, sondern durch Gott geschaffen ist, dann darf er sich auch nicht aus eigenem Antrieb davonmachen. Ein Zwang rechtfertigt den anderen. Das Seinsgefängnis ist der Ort der Theologen. Und dann von Freiheit reden!

EIN PRIVILEG. – Im Frankreich des 17. Jahrhunderts wurden adelige Selbstmörder im Unterschied zu den bürgerlichen nicht posthum juristisch bestraft. Das verstieß zwar gegen den Gleichheitsgrundsatz. Aber man hätte auch nicht deutlicher machen können, dass die Selbsttötung ein Privileg war.

NEUE DIAGNOSE. – «Um dieses tödliche Leben zu lieben, muss man in der Seele krank sein.» Ausgerechnet ein Abt, Duvergier de Hauranne, hat zu Beginn des 17. Jahrhunderts die übliche Gleichsetzung von Lebenswillen und Gesundheit, Todeswunsch und Krankheit richtiggestellt. Ein begabter Diagnostiker!

LETZTER SCHREI. – Um 1770 wurde es in Paris Mode, sich das Leben zu nehmen. Man starb sozusagen nach dem letzten Schrei.

OHNE GELEIT. – Der Schlusssatz von Goethes «Leiden des jungen Werthers» wird gerne zitiert: «Kein Geistlicher hat ihn begleitet.»

Dem, der ohnehin schon unheilbar leidend zum Tode geht, noch den letzten Tritt zu geben: welche Verleugnung selbst der geistlichen Pflichten, von den menschlichen ganz zu schweigen. Aber die böseste Pointe wird dem Schlusssatz vorausgeschickt: «Handwerker trugen ihn.» Sie tun, was Sache der Geistlichen gewesen wäre. Sie geben das letzte menschliche Geleit, während die Gottesvertreter sich wie gewohnt in Enthaltsamkeit, in Humanitätsenthaltsamkeit üben. Écrasez l'infâme.

DENKSPORT. – Schlagzeilen: «Retter verletzt Selbstmörder.» Eine Körperverletzung? «Selbstmörder verletzt Retter.» Ein Akt der Notwehr!

GOTT ALS STERBEHELFER. – Dort, wo man sich vom Christentum befreit hat, ist die Selbsttötung wie schon in der vorchristlichen Antike zu einer legitimen, nicht weiter apologiebedürftigen Möglichkeit geworden. Wer gehen will, bitte schön! «Bedenke das Wichtigste: der Ausgang steht offen.» Doch mit den Debatten über den assistierten Suizid lebt das alte Tabu wieder auf. Die guten Christen wollen den Ausgang versperren. Ja, sind die denn bei Trost? Haben sie vergessen, dass ihr Gott, der die Menschen, alle Menschen, sterben lässt, seit je der Sterbehelfer par excellence ist? Seine Gläubigen sollten nicht hinter ihm zurückstehen.

HÖLLEN-FEST. – Es sind nicht die Endzustände, es sind die unabgeschlossenen Krankheits- und Zerstörungsprozesse, aus denen das Leiden resultiert. Die Endzustände heben mit dem Subjekt auch das Leiden auf. Von den Übergängen aber ist das Leidenssubjekt betroffen, weil und solange es noch existiert. Deswegen halten die Folterer ihre Opfer, solange sie können, am Leben. Und Gott, wenn er gnädig ist, tötet sie. Wenn nicht, ist er wie die Folterer. Oder wie die lachenden Teufel des Mittelalters, die in der Hölle ihre heitersten sadistischen Exzesse feiern. Wo steht denn geschrieben, dass sie die Verdammten wären? Die Hölle ist für sie ein ewiges Fest.

WELCHER WILLE GILT? – Jeder Arzt gilt als verpflichtet, einen «suizidgefährdeten» Depressiven gegen seinen Sterbenswunsch zu verteidigen, ihn notfalls gegen seinen Willen zu «retten». Erst einmal gerettet und aus der Depression heraus, werde er selber das wollen. Aber welcher Wille gilt? Auch der manische Zustand mit seinem erneuerten Lebenswillen ist eine Phase der Krankheit. Nur hat der Lebenswille durchgesetzt, dass allein der Sterbenswille die Krankheit, der Lebenswille die wiederhergestellte Gesundheit sei. Unter dieser Voraussetzung muss jede Selbsttötung einer Krankheit entspringen.

ENDE DER THERAPIE. – Eine Selbsttötungsnachricht. Sie hatte sich erhängt. Sie war eigentlich überaus erfolgreich gewesen. Nun sprach man von «Niederlage» im Kampf gegen die Krankheit. Der behandelnde Psychiater hatte sie gerade besucht. Ihr Mann kam und fand sie am Fensterkreuz ihres Klinikzimmers. Ende der Therapie.

GRAUSAM. – Der Fall einer Krebskranken, der das Augenkarzinom unter schrecklichen Schmerzen ins Gesicht wuchert. Eine von der Kirche inspirierte Justiz verbietet die Sterbehilfe. Das gute alte Christentum macht seinem Ruf, die grausamste aller Religionen zu sein, alle Ehre. Gott schafft erst ein unsägliches Elend. Und dann beharrt er auf seiner Oberhoheit über Tod und Leben. Weiter kann er es schwerlich treiben. Aber da ist auch gar kein guter Ruf mehr zu verlieren.

SEINLASSEN. – «Etwas sein lassen», vor allem das Sein lassen ...

TO BE OR NOT TO BE. – Wer sich selber tötet – was will er? Die Frage ist schwieriger zu beantworten als die, was er nicht will. Nicht mehr will er dieses Leben. Auch sich als denjenigen, der dieses ihm bekannte Leben führt, löscht er aus. Vielleicht aber will er ein anderes Leben und sich als einen Anderen, der es irgendwo anders führt? Das war die Hoffnung, die Heinrich von Kleist bewegte, als er aus dem Leben ging, weil ihm «auf Erden nicht zu helfen war.» Doch diese Option ist allzu ungewiss. Zweifelsfrei hingegen ist die Wahl, wenn der Selbstmörder sich entscheidet, dass er überhaupt nicht mehr sein will. Hamlets Sein oder Nichtsein – das ist in der Tat die einzige klare Frage.

BESONDERS. – Die Grundfrage der abendländischen Metaphysik: «Warum ist überhaupt Etwas und nicht vielmehr Nichts?» ist so grundsätzlich und umfassend wie möglich formuliert. Stellen aber können sie nur jene eigentümlichen Wesen, die den prekären Vorzug haben, so besonders zu sein, dass sie schlechthin alles in Frage stellen können.

«SELBSTMORD», «FREITOD». – Der «Selbstmord» und der «Freitod»: von zwei Seiten wird das Wesen der Selbsttötung verfälscht. Der «Selbstmord» kriminalisiert, moralisiert sie als mörderischen Akt. Der «Freitod» verleugnet ihre bestimmenden Motive: niemand tut sich völlig freiwillig den Tod an. Er leidet. Und sein Leiden bestimmt ihn, weiterem Leiden zu entgehen. Daran ist nichts legitimationsbedürftig. Daran ist aber auch nichts stilisierungsfähig. Die Selbsttötung ist weder zu niedrig noch zu hoch anzusetzen. Zwischen «Selbstmord» und «Freitod» ist sie der «mittlere Weg».

VARIATIO DELECTAT. – Solange wir leben, gleichen wir uns alle: im Willen zum Leben. Erst mit den Todesarten kommt wenigstens eine gewisse Variation ins genetische Programm.

GRAVITATION. – Die Selbsttäuschung des Suizidanten über seinen «Freitod»: Er glaubt zu springen, während er gezogen wird. Die Schwermut ist das seelische Äquivalent der Schwerkraft. Gravitation ist das Schicksal.

DIE GRENZEN DER FREIHEIT. – Ein doppeltes Geschenk ist der Freiheit zum Tode zu danken. Sowohl aus dem Diktat der Geburt, die den Menschen angeblich das «Geschenk des Lebens» gibt, wie aus dem Diktat des unvermeidlichen, des «natürlichen» Todes, der ihnen angeblich «das Geschenk des Lebens» wieder nimmt, macht die Freiheit zum Tode einen Akt der Wahl. Sie verhindert, dass das Leben ein Gefängnis ist, aus dem man nicht ausbrechen kann. Doch hört es deswegen auf, ein Gefängnis zu sein? Man kann den oktroyierten Anfang gleichsam widerrufen, das oktroyierte Ende zur Sache des antizipierenden Willens machen. Ungeschehen machen aber kann man beides nicht. Selbst die Selbsttötung kommt immer zu spät.

SCHWÄCHE. – Die Selbsttötung entspringt einer Schwäche: Man hält es nicht mehr aus. Aber warum denn keine Schwäche? Nur diese jedenfalls macht uns stark.

UNPERFEKT. – Die Utopie eines perfekten Verbrechens geistert seit je durch die Kriminalliteratur. Die Autoren haben begriffen, dass nur ein Verbrechen ohne Motiv das perfekte sein könnte, weil damit jeder Ansatz für die Recherche, jeder menschliche Makel, der das unperfekte Verbrechen befleckte, entfiele. Aber sie haben feststellen müssen, dass es das sozusagen reine Verbrechen, eben das motivfreie, nicht gibt. Noch dem begabtesten Verbrecher bleibt ein Erdenrest zu tragen peinlich.

Doch vielleicht haben die Autoren die Perfektion nur auf dem falschen Feld gesucht: beim Mord, aber bisher nicht beim Selbstmord. Sollte hier nicht der unmotivierte Akt am ehesten möglich sein? Kein Ziel, kein Zweck – man tötet sich einfach so, wie man einst einfach so, ohne jedes Motiv, zu leben begonnen hat?

Man dürfte freilich auch nicht damit motiviert sein, den unmotivierten Akt demonstrieren zu wollen. Doch was triebe dann überhaupt noch den Griff zu den Tabletten, zum Messer, zum Strick an? Träge Wesen wie die Menschen brauchen immer noch einen Rest an Motivation. Auch hier sind sie nicht perfekt.

STATISTIK. – Alles hat man untersucht: bevorzugte Uhrzeit, Jahreszeit, Beruf, Familienstand ... Die Selbstmordstatistiken sind der blanke Hohn darauf, dass der Suizid die unverwechselbare Tat eines Einzelnen wäre. Er wird zum Fall unter vielen: Die Guillotine der Statistik fällt auf ihn nieder. Wenn man wüsste, wer wann und an welchem Ort mit welchen bevorzugten Mitteln und aus welchen Motiven den Tod gewählt hat, würde man auf ihn verzichten. Der gekränkte Narzissmus würde den Kandidaten retten: ein paradox heilsamer Effekt. Aber vielleicht gibt die Statistik dem Suizidanten auch den Rest. Nicht einmal im Tod ist er ein Besonderer.

ALLE ACHTUNG! – Der aufrechte Gang – die Hände frei haben – Hand an sich legen: die Evolution läuft auf die Selbsttötung zu. Auf die Gattung bezogen zielt der Fortschritt auf die Möglichkeit ihrer Selbstabschaffung. Er ist anthropofugal. Kein Lebewesen, das «mit allen Vieren» auf dem Boden der Lebenstatsachen ist, bringt das fertig. Alle Achtung!

SELBSTTÖTUNG, FREMDMORD. – Die Selbsttötung kann ein relativ freier Akt sein. Doch nur als individueller. Selbsttötung im Kollektiv gibt es nicht. Sie ist immer Mord, Fremd-Mord, Jonestown das Modell.

NEIN! – Kann man entschiedener «Nein» sagen als der Suizidant? «Der Selbstmord ist der kritische Akt par excellence.» Bei besonders rigorosen Selbstmördern freilich auch der Akt der Selbstkritik. Sie wollen nicht länger mit sich selber zusammenleben.

EINSAM? – Jede Selbsttötung sagt: «Ihr habt mich nicht erreichen können». Oder vielleicht: «Allzusehr»?

UNWILLKOMMENE GESELLSCHAFT. – Es war nicht so, dass er keine Lust mehr zum Leben gehabt hätte. Aber er würde es mit sich leben müssen. War dieser Preis nicht zu hoch?

OHNE MICH. – «Ohne mich ginge es mir sehr gut» (Chamfort). Kann man souveräner, heiterer sich selber liquidieren? Aber die Lage ist aussichtslos. Keine Chance, sich selber loszuwerden, auf dass es einem nicht nur besser, sondern «sehr gut» gehe. Es sei denn, man sorgt wie Chamfort eigenhändig für das «Ohne-mich». Aber wo bleibt dann das «Mir», dem es «sehr gut» ginge?

DIE SPRACHE SPRICHT. – «Sie fanden den Tod.» Offenbar, nachdem sie ihn gesucht hatten. Suchet, und ihr werdet finden!

UNDANKBAR. – Man sagt: «Jemandem das Leben schenken». Und: «Sich den Tod geben». Aber man sagt nicht: «Sich den Tod schenken». Die Philosophie der Sprache beharrt nur beim Leben auf dem Geschenk. Kein Wunder, dass der Suizidant unter dieser Voraussetzung für undankbar gilt.

«KOMMT» ER? – Jederzeit aus dem Leben scheiden zu können, gibt dem Leben mit der Möglichkeit der finalen Entscheidung auch die

Zeit dafür. Der Tod «kommt» nicht – wir gehen ihm entgegen oder schieben ihn hinaus, ganz wie wir wollen.

UM DIE ECKE. – «Sich um die Ecke bringen.» Um etwas Neues zu sehen? Aber um diese Ecke gibt es nichts mehr zu sehen.

DICKES ENDE. – Immer wissen, nie vergessen, dass das «dicke Ende» kommt. Der Knoten im Strick.

«NUN IST'S GUT.» – Das abschließende «Nun ist's gut», mit dem Kleists Penthesilea unter ihren Dolchstößen stirbt, vereint die Gewalttat gegen sich selbst mit Versöhnung. Aber dieses letzte Wort ist auch ein Widerruf. Widerrufen wird das «panta kala lian», «es war alles (sogar sehr) gut», mit dem der Schöpfer sich selber gelobt hatte. Statt auf das Schöpfungswerk der «Genesis» wird es auf dessen Ende bezogen: Nun erst, mit dem eigenen Tod, ist es gut.

MILDERNDER UMSTAND. – Die Flucht ist verboten. Die Zuflucht nicht.

«SCHLAFTABLETTEN». – «Schlaftabletten»? Suizidtabletten! Das Geschenk der Medizin an die mit Wachheit Geschlagenen. Endlich einmal war sie doch zu etwas nütze.

«LEBENSMÜDE», «TODESMÜDE». – «Lebensmüde», «todesmüde». Doch «des Lebens müde» heißt keineswegs, «des Todes müde» zu sein.

AUGENGLÜCK. – Augenkranke und Schlaflose wissen am besten, welches Glück es ist, die Augen zu schließen. Das grelle Licht der Welt, die verzerrte, getrübte Sicht der Welt – alles verschwindet im gnädigen Dunkel. Die gründlichste Therapie.

«ABENDLIED». – Kellers «Abendlied»: «Trink, o Auge, was die Wimper hält.» Andernfalls: Ende des Trinkens, Augen zu!

EIN KALAUER. – «Der Wille zur Nacht»: Nietzsche hat sich nicht geirrt, sondern nur verschrieben.

«O MENSCH»
Die Nacht war schlecht
Der Tag ist schön
So recht, das Leben neu anzusehn.
Doch, o Mensch, gib acht!
Es kommt die nächste Mitternacht
Und spätestens im Morgengrauen
Verzichtest du, es anzuschauen.

NIETZSCHE, KORRIGIERT. – Was mich noch nicht umbringt, macht mich schon schwächer. Wer spricht von Überstehn? Untergehn ist alles.

PRO UND CONTRA. – Pro: Warum sich nicht töten, wenn der Tod ohnehin kommt?
Contra: Warum sich töten, wenn der Tod ohnehin kommt?
Ergo?

ZEITÖKONOMIE. – Sich selber töten heißt, eine ohnehin begrenzte Lebenszeit noch zu verkürzen. Offenbar ist auch sie zu viel. Der Suizidant aast mit der Zeit.
Die Möglichkeit der Selbsttötung auszuschlagen, heißt, die Lebenszeit zu dehnen. Der Nicht-Suizidant ist ein Zeitökonom.

«NUR GEDULD! NUR GEDULD!»: Jean Amérys Antwort an jenen Studenten, der ihn nach seinem Essay «Hand an sich legen» gefragt hatte, wo denn der Vollzug bleibe, verbindet bitteren Zynismus mit unerhörter Höflichkeit: «Nur Geduld! Nur Geduld!» Sie vertröstet den Fragenden, der da auf rascheren Vollzug dringt, verlangt ihm allerdings auch eine gewisse Zurückhaltung ab. Man muss doch warten können, zumal wenn es um die Sensation eines Suizids geht.
Die Voyeure der Suizidkandidaten auf den Hochhäusern sind freilich noch eine Spur direkter. Sie rufen gleich: «Spring!» Ob Améry dann noch um Geduld gebeten hätte? Diese Voyeure hätten ihm jedenfalls erst im Moment seines Fallens applaudiert.
Aber Geduld ist auch nicht die Tugend der Suizidanten. Sie selber können das Ende nicht abwarten, auch wenn es ihnen ohnehin

sicher ist. «Molto accelerando», lautet ihre Maxime. Aber ist das dieses Ende wert? «Un poco ritardando!»: das ist die Lebens-, die Sterbensweisheit der Geduldigen.

SCHLAF SCHNELLER, GENOSSE. – Die Ungeduld darf man nicht zu weit treiben. Beim Tod führt sie dazu, etwas schneller herbeizuwünschen, herbeizuführen, als es ohnehin eintreten wird. «Schlaf schneller, Genosse», sagt der Ungeduldige zu sich. Man nennt ihn dann Selbstmörder.

DER ALLZU KLEINE UNTERSCHIED. – Der Unterschied zwischen dem «natürlichen», dem «normalen», und dem selbstgewählten, also offenbar «unnatürlichen» Tod – er scheint so groß. Zweifellos, es ist ein anderer Modus: Sterben intransitiv – Sterben transitiv. Aber es bleibt bei dem lächerlichen Unterschied von ein paar Jahren. Dann geht alles denselben Weg. Man kann es auch abwarten. So oder so – es kommt auf das Gleiche hinaus.

WENN'S AM SCHÖNSTEN IST. – Die Empfehlung seiner Mutter, man solle «aufhören, wenn's am schönsten ist». Das war als vernünftige Empfehlung für das Feiern der Feste gedacht, unausgesprochen als moralische Schutzwehr gegen alle Versuchungen zum Exzess. Aber trifft es vielleicht am Ende auch auf das Leben zu? Freilich kann man beim Leben nie wissen, «wenn's am schönsten ist». Kann es denn etwa nicht immer noch schöner werden? Wie aber dann den Schluss finden? Soll man also nicht besser beschließen, dass es jetzt, gerade jetzt, genau jetzt, am schönsten ist?

Von Liebe, Alter und Tod

GLÜCK IN DER LIEBE. – Man findet nur selten, was man sucht. Man hat aber auch nur selten gesucht, was man findet. «Ich war wohl klug, dass ich dich fand.»

PARADIESAPFEL. – Wenn sie lacht, wird ihre alte Haut wieder glatt, wie die eines reifen Apfels. Dann schaut er sie am liebsten an. Wer weiß, vielleicht hat sie vom Baum des Lebens gegessen. Es fehlt nicht viel, und er bisse in den Apfel hinein.

UNWIDERSTEHLICH. – Lachend war sie überaus liebenswert. Weinend aber war sie unwiderstehlich. Sie tat es selten. Aber zum Ende hin wurden die Aussichten immer besser.

GEMEINSAM. – Geht ein Paar einen Weg gemeinsam, so verwandelt sich der Weg tatsächlich in das Ziel.

NICHT REDEN MÜSSEN. – Warum fühlen sich alte Paare so entspannt? Weil sie so vertraut miteinander sind, dass sie nicht mehr miteinander reden müssen, obwohl sie sich manchmal noch etwas zu sagen hätten. Weil sie nebeneinander, nicht einmal miteinander schweigen können, ohne die Last der Nähe zu spüren. Sie können mit dem Anderen wie mit sich selber umgehen. Und wenn sie doch noch sprechen, ist es wie ein Selbstgespräch. Es stört nicht.

JAHRES-ZEITEN. – Im Frühling, im Herbst individualisieren sich die Farben, die Formen. Sommer und Winter machen sie gleich. Bei den Jahreszeiten. Bei den Lebensaltern. Doch Frühling und Herbst sind auch die Phasen der beschleunigten, Sommer und Winter die der angehaltenen Zeit. Sommer und Winter entschädigen mit dem Glück des Stillstands für die Gleichmacherei.

BLUMEN-FREUDE. – Die ersten Blumen des Jahres suchen: Märzenbecher, Blausterne, Küchenschellen, Seidelbast ... Die tiefe Freude der wenn auch nicht ewigen, so doch jahreszeitlichen Wiederkehr. Je älter sie beide wurden, desto früher waren sie zur Stelle. Meistens war es noch nicht so weit. Umso größer die Vorfreude. «Nur nichts verpassen, nur nicht zu spät kommen, wer zu spät kommt, den bestraft der Tod», sagt das zunehmende Alter, wissend, dass sich die schöne Wiederkehr zum Ende neigt. Aber für einen kleinen Moment ändert sich die sonst nur noch vom Vergehen bestimmte Lebensperspektive. Dem Märzenbecher werden die Blausterne, die Küchenschellen dem Seidelbast folgen. Noch einmal werden wir im Stande des Noch-Nicht leben – in den Grenzen eines unwiderruflichen Nicht-Mehr. Die Freude. Die Trauer.

UNTER BLUMEN. – Die Blumenpflückerinnen sind die Jäger unter den Frauen, nur dass noch ein paar Tage in der Vase lebt, was die Jäger unverzüglich töten. Die Freuden der Blumenliebe sind subtiler. Aber auch sie geht über Leichen.

ZITTERN. – Dieses Zittern der Küchenschellen. Es geht kein spürbarer Wind. Und doch zittern sie, der Flaum ihrer grauen Härchen. Wie zart sie sind, wie verletzlich. Man möchte die Hände um sie legen, sie schützen. Doch dann sähen sie die Sonne nicht mehr. Sie schlössen, sie entzögen sich. Nun öffnen sie sich zugleich dem Wind und dem Blick. Und wieder ihr Zittern.

JETZT. – Ein Sommertag, an dem die Zeit stillzustehen scheint. Die Augen schließen, bevor die Sonne über den Rücken des Berges rollt.

SOMMERSATT. – Der Sommer war sehr groß. Noch einmal baden im See. Noch einmal sitzen auf dem Münsterplatz, im Licht der untergehenden Sonne – und wissen vom letzten Mal. Abschied nehmen, diesmal nur für ein Jahr, bald für immer. Doch wenn der Sommer «sehr groß» war, darf sogar der «Herr» seinen Schatten auf die Sonnenuhren legen.

KRANKHEIT ZEIT. – Ein Feldweg, linker Hand Mais, rechts abgeerntete Erdbeerfelder, dazwischen in Radform gepresstes Stroh, in der Ferne Pappeln, Gebüsch, ein Hof – es ist nichts Besonderes, nur dieser eine Moment. Und schon vorüber. Alles war so konkret. Alles wird auf das Abstrakteste nicht mehr sein. Wenn die Welt doch von der Zeit kuriert werden könnte! Krankheit Zeit.

AM RHEIN. NACHMITTAGS. – Fast scheint das Wasser zu stehen. Glatt liegt die Oberfläche, nur hier und da gekräuselt vom Wind. Der Fluss der Zeit hält den Atem an.

HERBSTZEITLOS. – Was für eine Sprachblume! Die «Herbstzeitlose» verdankt sich dem Paradox: herbstlich und zeitlos zugleich zu sein. Größer als der Krokus, lichtviolett und zart in der Farbe, scheint sie noch einmal das Versprechen des Frühlings zu geben. Aber man sieht ihr an, dass es die Zeit des Herbstes ist. Nicht zu vergessen: Sie ist giftig. Man kann sogar an ihr sterben. Sie stammt aus Kolchis. Medea könnte sie ihren Kindern gegeben haben. Oder am Ende sich. Aber das steht nicht in ihrer Tragödie. Einstweilen kann man sich der Herbstzeitlosen freuen. Man darf sie nur nicht berühren. Abstand zu Medea!

STROHBLUMEN. – Wie unterschiedlich das Verblühen, das Verwelken der Blumen. Alt werden sie alle. Ihre Blüten verlieren Glätte und Festigkeit. Einige verlieren auch ihre Farbe. Sie werden grau, fast dreckig. Sie kriechen in sich hinein. Aber andere wie die gelben Bergnarzissen gewinnen noch an Intensität. Und dann hört auch ihr weiteres Verwelken auf. Sie werden zu Strohblumen. Das gelbe Leuchten am Ende des Tages.

FALSCHE BLICKRICHTUNG. – Die letzten Blätter waren gefallen, und er begann, über die Traurigkeit der kahlen Äste zu klagen. Er hatte vergessen, auf den Boden zu sehen. Dort lag ein ganzes farbiges Himmelreich. Der Fehler war der ewige Blick nach oben.

LETZTES FEST. – Die Bäume werden noch schöner, wenn sie sich verfärben, bevor die Blätter fallen. Das ließe sich nur von wenigen Menschen sagen. Und wenn man es sagt, nennt man das Liebe. Der Herbst ist ihr letztes Fest.

UNRUHE. – Früher hatte der Herbst ihn ruhig gemacht. Jetzt war er schwerer zu ertragen als der Frühling. Diese Sorge, nicht genug von dem Wechsel in der Natur mitzubekommen. Diese Altersunruhe, bloß nichts zu verpassen. Aus dem eigenen Vergehen nährte sich die Leidenschaft für das Vergehende. Was war ein unablässig grünendes gegen ein sich verfärbendes, verwelkendes Blatt in der späten Sonne des Tages.

FARBENFEUER. – Mit der beginnenden Kälte des Herbstes blühen die warmen Farben, rostrot, sattgelb. Am Farbenfeuer kann man sich noch wärmen. Dann freilich erlischt es mit dem Fallen der letzten Blätter. In der Kälte der kahle Ast.

WINTERLOS. – Dieser Winter ohne Winter. Er ist wie eine Nacht ohne Schlaf. Und am Morgen soll es weitergehen, als ob sie geschlafen hätten. Doch es ist auch keine Zeit des Aufwachens, kein Frühjahr mehr, wenn der Winter nicht war. Sie sehnen ihn zurück. Und selbst der Tag, an dem der erste und der letzte Frost auf die Blüten fällt, ist ihnen recht – auch wenn einige Blüten dabei ihr Leben lassen müssen. Damit sie wenigstens wissen, was es an der Zeit ist.

«DER LETZTE SCHNEE». – «Der erste Schnee». Das, immerhin, kann man sagen. «Der letzte Schnee» – er liegt bei den Göttern. Wann sie ihn fallen lassen, sagen sie nicht. Sicher nur, dass er irgendwann fällt.

WIEDERKEHR. – Gerne suchte er mit ihr immer wieder die alten vertrauten Plätze auf. Es war ihre Art der Wiederkehr. Jeder dieser Plätze sollte der alte sein – und ihnen sagen, dass sie unverändert die alten waren. Jeder sollte immer wieder bekräftigen: «auf mich ist Verlass» – bis in alle Ewigkeit. Fast jedenfalls. Usque ad finem.

SCHÖN WÄR'S. – Der Tod ist *die* Trennung der Liebenden. Wären sie «ewig», so könnten sie zusammenbleiben. Schön wär's.

OHNE AUSSICHT. – Es war nicht etwa so, dass er blind gewesen wäre für die Vorzüge eines «ewigen Lebens» und den Glauben daran. Aber man kann sich nicht wissend selber betrügen. Gegen die Evidenz des Todes ist kein Kraut gewachsen. Er hat etwas Unwiderlegliches.

GLÜCK. – Alles Glück beruht darauf, dass man imstande ist, für einen Moment das Ende zu vergessen, das kommen wird, den

Schmerz, von dem man weiß, dass man ihm nicht entgeht. Glück ist die Illusion, von der man vergessen hat, dass sie eine ist.

MÄRCHEN. – Das Glück ist immer märchenhaft: hinter den Bergen, bei den sieben Zwergen.

KEIN MÄRCHEN. – Und wenn sie nicht gestorben sind, so sterben sie noch heute.

UN POCO RITARDANDO. – Das Ende ist immer gewiss. Das konnte ein Trost sein. Seit je hatte er diesen Trost gesucht. Doch es war ein schwacher Trost, wenn es um den Tod ging, der sie trennen würde. Vielleicht gab es noch das Glück des Aufschubs, un poco ritardando. Aber was war von einem Glück zu halten, das den Todeskandidaten die Verzögerung der Hinrichtung in Aussicht stellte? Glück gab es nur in jenen kurzen Momenten, in denen er das Unvermeidliche vergaß, bis es ihm wieder das Herz zerriss.

KEIN TRAUM. – Wenn ihn die tiefe Trauer über die Aussichtslosigkeit aller Dinge überfiel, glaubte er für einen Moment, sie würde gleich sagen, dass das alles nur ein Traum sei; wenn sie daraus erwachten, würde alles gut. Aber sie sagte es nicht, weil sie es nicht sagen konnte. So blieb die Trauer – bis sie nicht mehr erwachten.

ZUKUNFT? – Es war nicht so, dass er immer düster in die Zukunft geblickt hätte. Er hatte jähe Anfälle von Hoffnung, Episoden von Glück. Aber immer diese zehrende Gewissheit, dass es schlimm enden würde: für den, der übrigbliebe. Zukunft? Dein Name ist Tod.

PERSPEKTIVE. – Wissen, was kommt. Das Schlimmste kommt noch. Es kommt stets zuletzt.

TROSTLOS. – Gibt es ein trostloseres Wort als dieses: «trostlos»? Aber leider ist das Trostlose die Wahrheit. Wer getröstet werden will, muss sich andere Wege als die der Wahrheit suchen.

BITTER. – Immer wieder dieses «Nie wieder!» So ist im Leben für Dauer gesorgt.

IN DER FALLE. – Es soll die Bestimmung der Liebe sein, der Einsamkeit zuvorzukommen oder sie zu überwinden? Wenn dem so wäre – es hätte keinen untauglicheren Weg geben können. Denn wie nichts anderes treibt sie die Menschen der finalen Einsamkeit des Überlebens in die leeren Arme. Nie werden sie einsamer sein. Die Liebe hat sie in die Falle gelockt. Es gibt kein Entrinnen.

LIEBE, LEERE. – Nur eine Woche allein und schon diese Leere. Wie würde es am Ende, auf Dauer sein? Am Anfang vielleicht noch die Freude, endlich einmal wieder frei zu sein für Anderes und Andere. Dann wird die Suche hektisch, schließlich verzweifelt. Woher den nächstbesten Strohhalm nehmen, der vor dem Untergehen doch nicht retten kann. Untaugliche Kompensation der Leere für die Eine, die abwesend ist. Doch welche Leere füllt die Liebe zu ihr? Jene, die immer und von Anfang an da war? Oder ist es erst die Liebe, welche die Leere schafft?

KEINE WAHL. – «Einen Menschen lieben, heißt: einwilligen, mit ihm alt zu werden.» Sehr schön gesagt. Zu schön. Als ob wir in der Liebe eine Wahl hätten.

ES WAREN ZWEI KÖNIGSKINDER. – Die Kosmologie lässt für die Liebe nichts hoffen. Die Sterne entfernen sich immer schneller immer weiter voneinander. Sie können zueinander nicht mehr kommen. Der Raum und die Zeit – sie sind viel zu tief.

BRIEF AN ANDRÉ GORZ: Sein «Brief an D.» hat es gesagt: Liebe und Tod lassen sich nicht trennen. Am Ende bleibt der Liebe nur das Nachsterben. Es sei denn, sie hörte vorher auf. Aber wer würde dann noch leben wollen?

IRRTUM. – Sein Leben lang hatte er sich mit dem Tod befasst. Nun, wo er näherkam, sah er, wie sehr er sich in der Adresse geirrt hatte: Der Tod des Anderen, nicht der «jemeinige», war das Problem.

AUS ZWEITER HAND. – Die Erfahrung des Sterbens wird bis auf das eine Mal, wo es das unsrige ist, immer an den Anderen gemacht. Deswegen ist sie eine aus zweiter Hand. Das mindert ihre

Authentizität, ihren Erfahrungs- und Erkenntniswert. Deswegen können es die Sterblichen nicht lassen, mit allen spekulativen Mitteln gegen die Grenzen ihrer Sterbenserfahrung anzurennen – aussichtslos. Die sogenannten «Nahtoderfahrungen» etwa sind nie solche. Sie bleiben auf Lebenserfahrungen beschränkt. Aber es ist auch die grausamere Variante, die die Sterblichen beim Sterben der Anderen erfahren. Es ist ein Sterben, bei dem fatalerweise immer ein Lebensrest, zu tragen peinlich, übrigbleibt: sie selber, leider. Denn tot sind immer nur die Anderen.

«HINTERBLIEBEN». – Die Sprache spricht von den Überlebenden als den «Hinterbliebenen». Hinter den Sterbenden und den Toten bleiben die «Hinterbliebenen» in der Tat zurück.

KAMPF UMS DASEIN? – «Struggle for life»? Wie unklug! Besser wäre der Kampf gegen das Überleben. Struggle against survival.

ÜBERLEBEN I. – Da steht sie, seitwärts am Sarg, in dem der Mann ihres Lebens liegt. Und muss das «Beileid» entgegennehmen, das ihr die defilierende Trauergemeinde ausspricht. Wie kann sie das ertragen? Doch sie erträgt es. Aufrecht steht sie, schön wie seit je. Nur ihren Augen sieht man an, dass sie die Nächte geweint hat. Aber sie ist es, die jetzt die Trauernden tröstet. Das treibt ihm die Tränen in die Augen. Die Überlebende hat die Größe zu ertragen, was der Tote im Sarg nicht erleben muss. Er aber weiß: Er möchte es nicht erleben: das Überleben.

ÜBERLEBEN II. – Die finale Form des Lebens, das Überleben, ist der Wunsch der katastrophischen, aber am Leben hängenden Existenz. Es soll weitergehen. Wir wollen weitergehen, wenn auch Andere zu Ende gehen. Ja, wird es nicht sogar ein intensiveres Leben sein? Das «Über» des «Überlebens» verspricht nicht nur Dauer, sondern Steigerung. Eine Präposition, die aus dem Geist der guten Hoffnung geboren ist. Ob sie hält, was sie verspricht? Das bloße Überleben – wer würde es erleben wollen?

IUS PRIMAE MORTIS. – Seit je hatte er Angst gehabt, dass sie vor ihm stürbe. Aber warum vertauschte er dann nicht die gefährdete alte Liebe mit einer jungen? Es wäre doch so viel einfacher. Und das Ius primae mortis, das unvergleichliche Vorrecht, als Erster zu sterben, wäre ihm wahrscheinlich garantiert.

ALTES PAAR. – Sie waren ein schönes, ein leidenschaftliches Paar gewesen. Dann waren sie alt geworden. Wohl hörten sie voneinander. Aber sie trafen einander nie wieder. Sie ersparten sich den Anblick des hingeschwundenen Traums, um ihm in der Erinnerung ungestört anhängen zu können. Wo erst das Wiedersehen die wahre Trennung gewesen wäre, hielten sie sich durch Abwesenheit die Treue.

VERKLÄRT? – Rührend war es, wenn sein alter Vater sich fragte, in welchem Alter, in welchem Lebensstadium sie, die immer noch von ihm geliebte Frau, denn sein würde, wenn sie zusammen mit ihm auferstünde. Ein wenig jünger dürfte sie schon sein. Etwas subtiler sprach er statt von «jünger» lieber von «verklärt». Aber seine Liebe war groß genug, sie mit jedem Verfallsdatum zu wollen. Er begehrte sie immer noch, welk wie sie nun war. Sie war genauso wenig ewig wie er. Aber die Liebe schien fast ewig zu sein.

NICHT-LIEBENSMÜH. – Diese herzzerreißende Gewissheit: Eines von ihnen beiden würde zuletzt allein sein, es sei denn, sie gingen gemeinsam in den Tod. Dieses «Zuletzt» liegt nicht in aller Ewigkeit. Mit jedem Tag rückt es näher. Wie sollten sie dieses Bewusstsein aushalten können? Der Andere müsste vorher zur Last werden – durch eine unheilbare Krankheit etwa, von der nur der Tod befreien könnte. Der Andere müsste zum Hindernis werden, das einem neuen, verheißungsvolleren, verführerischen Leben entgegenstünde. Er müsste der Klotz am Bein des eigenen Lebens werden. Aber alles das war verzweifelte Nicht-Liebensmüh, die über das Undenkbare hinweghelfen sollte.

ABSCHIEDE. – Wie schmerzhaft die Abschiede. Weil jeder weiß, um welchen Abschied es eigentlich geht. «Betrachte deine Liebe so, als ob ihr schon jetzt auf immer voneinander Abschied nehmen müsstet.» Der kategorische Imperativ des Liebes-Lebens, bis dass der Tod es scheidet.

VOM KLEINEN UND VOM GROSSEN TOD. – Die Liebenden, wenn sie sich körperlich lieben, sterben den «kleinen Tod». Vielleicht meinen sie aber auch schon den großen.

DIE VERSCHWENDETE ZEIT. – Angesichts der begrenzten Zahl der Tage, die sie miteinander noch haben würden, sich einen Tag nicht zu sehen: die unklügste aller Zeitverschwendungen. Als ob sie ewig lebten.

NICHT ZÄHLEN! – «Vorlaufen in den Tod»? Was für eine komfortable Sache! Der Tod war zwar gewiss, doch gnädigerweise unbestimmt. Rechnete er indes die verbleibende Zeit in die wahrscheinliche Zahl der Jahre, vielleicht der Monate um, die ihnen gemeinsam noch blieben, dann verschlug es ihm den Atem. Man musste beizeiten aufhören zu zählen. Zahlen können wie Guillotinen sein.

ANRUFUNG. – Manchmal, wenn sie im Nebenraum war, rief er ihren Namen, ohne dass er eine Antwort erwartete. Es genügte zu wissen, sie war da. Es war wie eine Anrufung, in der die Stille noch ohne Schrecken, die Vergewisserung ohne Angst war. Wie anders würde es sein, wenn sie nicht mehr antworten könnte. Die Anrufung ginge ins Leere. Die Stille spräche allein vom Tod.

TOTE LEITUNG. – Der morgendliche Telefonanruf. Irgendwann wird sie nicht mehr antworten, er nicht mehr anrufen. Die Leitung: tot.

DIE VORWEGGENOMMENE ZEIT. – Er ging zu den Blumen- und Aussichtsplätzen, die sie sonst gemeinsam aufsuchten. Heute war er allein. Es war noch nicht Ernst mit dem Alleinsein. Morgen, übermorgen würden sie wieder gemeinsam an diesen Plätzen sein. Aber welch maßlos traurige Vorwegnahme. Nicht lange mehr – und einer von ihnen würde wirklich und unwiderruflich allein sein. Drückend schwer legte sich die Katastrophe der antizipierten Zeit auf die einstweilen nur für den Moment verlassene Seele. Doch was hieß «nur für den Moment», wenn schon jetzt das verzweifelte Gefühl der Verlassenheit die Seele füllte. Er mochte noch so sehr bei der Abwesenden sein – der Platz an seiner Seite blieb leer.

UNBESCHIRMT. – Fast zwanzig Jahre hatte er den alten Stockschirm seines Vaters getragen. Schwungvoll hatte er ihn wie der Vater als Spazierstock genutzt, vertrauensvoll unter dem weit ausgespannten väterlichen Regenschirm Schutz gesucht. Und nun hatte er ihn verloren, so sehr er, sorgsam wie immer, auf ihn geachtet hatte. Er war kein symbolisches Requisit, kein pietätvoll behandeltes Familienerbstück – er war ein Teil des gemeinsamen Lebens gewesen, das noch im Tode geblieben und nun verlorengegangen war. Seine Trauer war tief. Wurde er sentimental? Wann immer er den Griff des Schirmes gefasst hatte, war es ihm gewesen, als hätte er die Hand seines Vaters gefasst, der ihm, die ihm lieb gewesen war. Und nun diese Leere anstelle der Hand.

DIE EWIGKEIT DER FRIEDHOFSBLUMEN. – Die katholisch Gläubigen in den romanischen Ländern pflegen ihre Gräber mit Kunstblumen zu schmücken. Diese Blumen verwelken nicht. Sie sind nicht von der Vergänglichkeit aller Natur betroffen. In der Verbindung mit den beigefügten Porträtfotos sind sie künstliche Garanten der Ewigkeit. Freilich haben sie auch den immensen Vorzug, dass man die Gräber nicht mehr schmücken und pflegen muss. Kunstblumen sind so viel bequemer, auf die Dauer so viel billiger. Sie fordern nicht von den Trauernden, ihre Trauer stets neu zu bekunden. Gerade aber indem sie sich auf die unvergänglichen künstlichen Zeichen der Liebe beschränken, dokumentieren sie deren Vergänglichkeit.

ALTE BILDER. – Er sah eine Reihe alter Fotos an. Doch selbst in den Zügen dessen, der er früher gewesen war, suchte er sich vergebens. Nicht einmal mehr mit dem Kind konnte er sich identifizieren. Und die Eltern, die Schwestern, die früheren Freunde, die Freundinnen – alle fremd, fremd. Welche Ironie, dass ausgerechnet die alten Bilder, die die Zeit stillstellen sollten, ihn brutal auf die Vergangenheit des Vergangenen stießen. Die Fotos waren Friedhöfe von einst lebendigen Menschen und Beziehungen geworden. Das Einzige, was von früher noch lebte, war das schlechte Gewissen dessen, der jetzt nichts als Fremdheit empfand. Umso grausamer griffen die Bilder der Zukunft vor. Die alte Mutter, deren Demenz von nichts mehr wusste – wenn er so sein würde wie sie, würde er nicht einmal mehr in den alten Alben blättern. Freilich machte die Demenz auch immun gegen jedes Bewusstsein der Vergänglichkeit. Sie war immerhin konsequent.

TODESANZEIGEN. – Zwei ganze Seiten Todesanzeigen für einen einzigen Verstorbenen. Unternehmen, Vereine, Stiftungen, Ehrenämter, Universitäten – alle bringen ihren finalen Tribut dar. Die Trauerbekundung der Familie mit Kindern und Kindeskindern bis ins dritte und vierte Glied hat schon am Tag vorher gezeigt, dass der Verstorbene ein geliebter Mensch war. Den Nachrufen zufolge muss er auch eine bedeutende Person gewesen sein. Dass die Häufung der Todesanzeigen inflationär wirkt, ist nicht zu vermeiden. Im Gegenteil: Wo der Tod des Einzelnen, das Ende des Einzigen nicht dementiert werden kann, muss man den unwiderruflichen Verlust durch Multiplikation kompensieren. Freilich, morgen gibt es nur noch einen Nachzügler-Nachruf. Und übermorgen ist die Seite der Todesanzeigen von Anderen voll und von dem Einen leer.

DIE LIEBE ZU DEN MUMIEN. – Tote sind wie Mumien. Der Tod macht sie unveränderlich. Mit ihrer Bestattung gewinnen sie die Verlässlichkeit unverrückbarer Erinnerungen.
So glaubt man. Doch selbst an der mumifizierten Gestalt arbeitet die Veränderung. Wohl tröstet sie, indem sie idealisiert: Der Tod schafft die sicherste aller Lieben, die posthume. Die Trennung aller Trennungen, die er zu sein scheint, ist die Verbindung aller Verbindungen. Welche Risiken gehen nicht vom geteilten Leben aus! In der Form der Idealisierung aber schreitet auch die Erosion der Erinnerung fort. Die Toten werden immer schöner, weil sie immer blasser werden. Am Ende muss man die Mumie nur berühren – und schon zerfällt sie zu Staub.

ZEITHEILUNG. – Den Tod der, des Geliebten kann man überleben. Es stirbt aber früher oder später die Liebe dabei. Man nennt das dann: «Die Zeit heilt alle Wunden.»

DEN TOD TÖTEN. – Trauer, gar die anstrengende «Trauerarbeit», gilt als pietätvoller Akt des Eingedenkens. In Wahrheit trauert man, um den Verlust zu verschmerzen. Keiner hat das so erkannt wie

Freud. Tiefer als er kann man den Verlust nicht erleben: «Bei der Trauer ist die Welt arm und leer geworden.» Doch gerade deswegen kommt es für ihn darauf an, die Bindung an den Toten irgendwann zu lösen. Aber das kann das verarmte Ich nur, indem es die Wirklichkeit des Verlustes anerkennt und sich aus seiner tödlichen Symbiose befreit.

Das klingt genügend therapeutisch und irgendwie «gesund». Weniger bekömmlich freilich, dass alle Trauer um den Toten auf das Ende der Trauer hinarbeiten muss, wenn das Ich überleben will. Das Verblassen der Erinnerung ist das Ziel der Erinnerung. Das Ich muss den letzten Treuebruch begehen, um dem eigenen Untergang zu entgehen. Das ist die bittere Wahrheit, die eigentliche Trennung der Liebenden. Ist das Ich dazu unfähig, so stirbt es dem Anderen nach, vielleicht sogar gemeinsam mit ihm. Vereinigung im Tode nennt man das. Man könnte auch von der Unfähigkeit, sich zu trennen, sprechen.

Es kommt also darauf an, «den Tod zu töten», um nicht selber zu sterben. Aber vielleicht war sogar Freud noch zu schonungsvoll: Man muss auch die Tote, den Toten noch einmal töten. Es sei denn, man will gar nicht überleben. Ist das dann «Treue bis in den Tod»? Oder nutzt man nur die beste Gelegenheit, sich davonzumachen? Eines ist sicher: Das Schlimmste kommt zuletzt.

ALTES LIED. – Es ist das alte Lied:
Sie konnten voneinander nicht kommen,
die Liebe war viel zu tief.

Vom Fleische

KEINE BEICHTE. – Die Konfessionen eines Schriftstellers darf man nicht mit einer Beichte verwechseln. Diese orientiert sich an Verboten und Geboten, deren Überschreitung der Sünder bekennt. Der Schriftsteller weiß von keiner Sünde. Wenn er beichtete, würde er nur die Voyeure beliefern, die seit je gerne Beichte hören. Des walte Gott!

SELTENES GLÜCK. – Das Glück ist so selten, dass man keinen der Wege, es zu erreichen, verschmähen darf, auch nicht die amoralischen. Die Moral unterstellt, wenn sie die Versuchung bekämpft, einen Überfluss an Glücksmöglichkeiten. Ein sträflicher Irrtum. Sie glaubt aus dem Vollen zu schöpfen, wo fast alles leer ist. Hedonismus hingegen ist die sachgerechte Glücksökonomie der Knappheit.

NO SEX, NO DRUGS? – Selbst bei praktizierenden Dionysikern müssen die verschiedenen Räusche nicht zusammenkommen. Der sexuelle kann auf den alkoholischen verzichten, der alkoholische sexfrei sein. Doch einer von beiden muss übrigbleiben. No sex, no drugs – und Dionysos stellt mit den Räuschen das Leben ein.

DRÜSEN, DRÜSEN, DRÜSEN. – Das Leben besteht aus der Exkretion der Drüsen. Eine Ejakulation ist das Gleiche wie das Laufen der Nase, nur dass man sich dabei heftiger schneuzt.

SEX EX NEGATIVO. – Gewiss, es gibt den Druck der Drüsen, die sexuelle Erregbarkeit. Aber ohne den Reiz der Verbote wäre es nichts mit der Leidenschaft. Wer wollte denn, nur um die Glieder aneinander zu reiben, ins Bett gehen? Zwar würde man tatsächlich mit der Geliebten schlafen. Aber welch ein Unterschied: Kaum ist es verboten – und schon wird man scharf. Erst aus der Negation wird die Lust geboren. Sex ex negativo.

DER ALLERGIKER. – Die blühende Natur ist für ihn ein Unglück. Das Tränen, Niesen, Husten, die fiebrige Hitze sind die Methoden der Abwehr. Doch noch bis ins Symptomdetail ahmen sie das Abgewehrte nach. Der Tränenfluss ist ein Samenerguss, «der sich gewaschen hat». Der Allergiker sagt nein zu der unerwünschten Bejahung, die er bei jedem Pollenflug in sich spürt.

DIE HELFENDE HAND. – Nirgendwo sonst ist die Lust der Folter so nahe benachbart wie beim Jucken. Nur ein Teufel kann den Menschen mit dieser Lustfolter gestraft haben. Alles im Juckenden verlangt nach kratzender Erlösung. Wird sie gewährt, zuckt alles im konvulsivischen Exzess, ohne dass man freilich auf Dauer Ruhe fände. Im Gegenteil: der Teufel wird erst recht entfesselt. Wird die temporäre Erlösung aber vorenthalten, so wird man fast verrückt. Sieht man die Kühe, wie sie sich verzweifelt an Bäumen und Zäunen und aneinander, an ihren Leidensgefährten reiben, so weiß man, wozu der Mensch die Hand hat. Sie ist *das* Antihistaminikum. Mit ihr kann er sich wenigstens für einen Augenblick selber helfen – bis die Lustfolter schlimmer denn je wiederkehrt.

DIE HÄNDE IM SCHOSS. – «Die Hände in den Schoß legen»: Keine andere Art der Untätigkeit hat je mehr Lust mit sich gebracht. Die ergiebigste Art der Faulheit.

JUST FOR FUN. – Die Onanie wurde seit ihrem (vermeintlichen) alttestamentarischen Stifter nicht deswegen verfolgt, weil sie ein sexuelles Laster, eine verbotene Lust gewesen wäre. Die Todsünde war vielmehr die Verschwendung. Man musste mit seinem Samen sparsam umgehen! Außerdem drückte sich die Onanie um die Konsequenzen. Wo blieb die Verantwortung, wenn man seinen Samen folgenlos verschleuderte, einfach so, just for fun?

DAS ONAN-DILEMMA. – Dachte man an den alttestamentarischen Begründer des Lasters, das man auf den Namen «Onans» getauft hatte, so war es fast dreitausend Jahre alt. Aber wie hatte er es nur geschafft, zu so vielen Nachfolgern zu kommen?

LEBENSURTEIL. – Eine Unachtsamkeit in der Liebe, eine fahrlässige Ejakulation – und schon war das nächste Lebensurteil gefällt. Wo sonst wurde so hart gestraft? Die Exekution folgte der Liebe auf dem Fuße nach.

WAS GESCHAH AM ...? Den Geburtstag feiert man. Den Tag der Geburt stellt man sich vielleicht mit gemischten Gefühlen vor. An den vermutlichen Tag der Zeugung wagt sich die Vorstellungskraft nur ungern heran. Hatten die Eltern sich des beginnenden Frühlings erfreut? Hatten sie sich gestritten und wieder versöhnt? Hatten sie der Begierde nicht widerstehen können? Hatten sie sich etwa einen Sohn gewünscht? Oder hatten sie gebetet, dass dieser Kelch an ihnen vorübergehen möge? Fragen über Fragen. Aber ein Resultat.

INS NICHTS. – «Nothing» wird von Shakespeare als obszöne Bezeichnung für das weibliche Genital gebraucht. Deswegen will jedermann ins Nichts. Aber dann wird daraus Etwas. Also täte man besser, die Finger davonzulassen.

SÜSSE PILLE. – Die Pille könnte von Mephisto erfunden worden sein, so genial ist sie als doppelte Antwort auf die christliche Tradition. Sie kommt dem generativen Wahn zuvor, der das Wachsen und Mehren will. Und sie spricht die Lust frei von der zwanghaften Bindung an Zeugung und Geburt. Kam die Lust früher nur deshalb zu mildernden Umständen, weil die Fruchtbarkeit ihr Alibi war, so verbindet sich nun die Negation der Zeugung mit der Emanzipation des Fleisches. Manchmal gibt es doch Fortschritt! Und welch ein Vorzug gerade für die Nihilisten unter den Philosophen, deren größter Mephisto war. Endlich können sie ihrem Negativismus frönen und müssen doch nicht Asketen sein. Denn ihr Fleisch ist willig. Und ihr Geist gottseidank schwach.

SEXUELL UNGLEICHZEITIG. – Die Frauen leben länger, aber sexuell sind sie meistens früher tot. Sexuelle Asynchronisiertheit ist das Los alter Paare.

LESS LIFE, MORE SEX. – Die Männer scheinen den Drang zu verspüren, in ihrer knapperen Lebenszeit mehr unterzubringen. Daraus erklärt sich ihr forcierter Aktivismus, ihr ungestillter Lebens- und Liebeshunger. Der reduzierte eheliche oder bezieherische Normalfall genügt ihnen offenbar nur selten, wenn überhaupt. Das sexuelle Variations- und Ergänzungsprogramm, das «Untreue» heißt, entspringt daraus. Jedenfalls im sexualstatistischen Normalfall. Aber ist Statistik eine Entschuldigung?

WILDWECHSEL. – In der Straßenverkehrsordnung gibt es den Wildwechsel. In der Geschlechtsverkehrsordnung ebenfalls, nur mit der Absicht, dass das Wild am Wechsel gehindert werden soll.

TREULOS. – Nachts, mit den Träumen, kommt die Stunde des Liebesverrats. Ist sie die Stunde der Wunscherfüllung? Wenn zählt, was man phantasiert, nicht, was man tut, müsste man endgültig aufhören, das Märchen von der Treue zu erzählen. Aber kein Träumer wird so streng sein.

TREUE. – Das Gebot, immer denselben mit immer derselben, immer dieselbe mit immer demselben zu beglücken. Treue ist tautologisch.

ZWILLINGE. – Zwei etwa zwanzigjährige Kammermusikerinnen, offenbar eineiige Zwillinge, spielen Klavier zu vier Händen. Beide sind erotisch anziehend, mehr: sie sind schön. Aber sie wirken wie geklont. Wer bei beiden Erfolg hätte – für welche von ihnen sollte er sich entscheiden, vorausgesetzt, dass er sie überhaupt unterscheiden könnte? Liefe die Liebe nicht wahrscheinlich auf eine Verwechslungskomödie hinaus? Er ist irritiert: Selbst das sinnlichste Begehren ist offenbar an Individualisierung gebunden. Sollte er die beiden der Einfachheit halber nicht nacheinander lieben? Oder, noch einfacher, gleichzeitig – Klavier zu sechs Händen, mit Zwillingen gespielt? Glücklicherweise hatte er bei ihnen keinen Erfolg.

VOM KUCKUCK. – Gibt es ironische Vögel? Ausgerechnet der Kuckuck ist das treueste aller Tiere: er begleitet die Menschen überallhin. Es ist freilich die Natur von Parasiten, überall existieren zu können. Sie sind die wahrhaft universalen Lebewesen. Eine tiefe Neigung zu all ihren Wirten erfüllt sie. Deswegen legen sie ihre Eier auch am liebsten in fremde Nester. Und schon wieder ihr Ruf. Er verlangt nach Echo. Auf zum Eierlegen! Natürlich in fremde Nester.

VERRAT. – Im Orgasmus verändert sich das Gesicht so heftig wie sonst nur beim exzessiven Lachen oder Weinen. Aber will man das? Wird nicht jeder sexuelle Akt so zum Verrat an dem vertrauten Gesicht? Gut, dass man beim Orgasmus meistens die Augen schließt.

LUST UND SCHREI. – Warum schreien die Männer bei der Ejakulation? Es ist wie bei der Reklame für einen Räumungsverkauf: «Alles muss raus.»

MONUMENTAL. – «Die Bewegungen sind lächerlich, der Genuss aber ist monumental.» So ist es. Wer wird denn harmonische Verhältnisse in der Liebe suchen?

LÄCHERLICH. – Das soziale Ressentiment empfiehlt den Zukurzgekommenen, sich die Großen beim Scheißen vorzustellen. Eine bescheidene Rache. Wie viel wirkungsvoller ist es, sich ihren Coitus auszumalen: der Gipfel der Lächerlichkeit!

UNGEREIMT. – «Where love has pitched its tent, there is the place of excrement.» Diese Nachbarschaft muss man nicht mögen. Aber muss man wie Yeats gleich eine Ekel-Hymne darauf machen? Und dann auch noch eine gereimte? Die Liebe ist ungereimt.

GEHEIMNISSTAND. – «Der Busen ist die in Geheimnisstand erhobne Brust» (Novalis). Recht hat er. Die Brüste mögen noch so schön sein – ihr größter Reiz geht von der geheimnisvollen Schlucht zwischen ihnen aus. Höchst unklug, die Brüste ganz zu entblößen, wie es die erotisch verdummte Moderne tut. In trivialer Nacktheit, offen vor aller Augen, verliert der Busen die Anziehungskraft, die in seinem Dunkel liegt, auf dass es der Forscherdrang erkunde.

ERREGTES STAUNEN. – Das philosophische Staunen, das «thaumazein», ist von vielerlei hervorgerufen worden. Aber am meisten empfand er es, wenn er an die anatomischen Eigentümlichkeiten der Geschlechter dachte. Dass er einen Penis hatte, war zwar kaum der Rede wert. Aber dass die Frauen diese herrlichen Brüste hatten – das war das Wunder aller Wunder. Wie von nichts sonst wurde hier sein Staunen erregt.

VENUS KALLIPYGOS. – Von einer Frau, die als andere «Venus Kallipygos» die schöne Wölbung ihres Busens mit der Ausbuchtung ihres nicht minder eindrucksvollen Hinterns vereint, geht die Aufforderung aus, ihr nicht einseitig zu nahen. Sie wirkt im höchsten Maß ausgewogen. Vielleicht nicht mehr die Götter, aber die Göttinnen sind unter uns!

IM SATTEL. – Sie war schön und erregend. Jedesmal, wenn er sie auf dem Fahrrad sah, spürte er Eifersucht auf den Sattel.

DER HENKEL. – Welche geniale Erfindung: der Henkel an den Tassen. Er gestattet es, dass man sich dem Heißen nähert und doch auf Distanz bleibt. Wenn doch die Menschen Henkel hätten.

EINVERLEIBT. – Gemeinsames Essen ist das Paradox eines kollektiven individuellen Genusses. Alle essen und trinken erst einmal buchstäblich «für sich». Sie verinnerlichen, sie privatisieren, was gerade noch vor aller Augen auf Tisch und Teller war, bevor die Münder sich öffneten, die Drüsen speichelten, die Zungen empfangsbereit die Lippen schleckten und Löffel, Messer und Gabel das glückliche Einverleibungswerk begannen. Die Kommunikation der Essenden hingegen, das gesellige Essensgespräch, der Austausch gaumenfreudig erregter Blicke ist nicht die Begleiterscheinung, sondern die Gegenbewegung dazu, die Resozialisierung der sonst nur «für sich» agierenden, «in sich» gekehrten Gourmets. Und die Krönung eines wahrhaft guten Essens, der Beischlaf, macht eben jenes Fleisch wieder zum gemeinsamen Fest, das zuvor nur für sich inkorporiert wurde. Nach dem Coitus mag ja jedes Lebewesen triste sein. Nach dem Essen aber ist der Coitus die geteilte Lust par excellence, freilich nur bei noch nicht ganz vollem Bauch.

«AUFERSTEHUNG DES FLEISCHES». – Eine Doppelmetapher. Mit ihr hat die christliche Kirche die Verleugnung des Todes wenigstens mit einem Erektionsversprechen zusammengebracht. Und dann fahren wir alle in den Himmel auf.

Aphorismen zur
Gotteswissenschaft

AUF DEN KNIEN. – Er suchte gerne ein Geschäft für besonders bequeme Berufskleidung auf. Die freundliche Verkäuferin legte ihm ein Hosenmodell mit verstärkter Kniezone ans Herz. Wenn er öfters auf den Knien zu arbeiten habe, sei das genau das Richtige. Er bedankte sich, indes sei er kein Theologe, antwortete er. Ratlos blickte sie ihn an. Wollte er sich über sie lustig machen? Aber er nahm die Hose. Glücklich lächelte sie. Sie sah ihn schon vor sich auf den Knien.

GRENZEN. – Im Hause des Herrn sind viele Wohnungen, aber nicht alles hat unter einem Dache Platz.

EIN GLAUBENSGESPRÄCH. – «Glauben Sie an Gott»? Wer denn das schon wieder sei, war seine Antwort gewesen. Hatte er sich etwa dumm gestellt? Indigniert wandte der pastorale Fragesteller sich ab. Dabei war die Antwort nicht einmal zynisch gewesen. Denn welche Gewissheit setzte noch die Glaubens-Frage voraus! Als ob man wüsste, wer oder was denn jenes X ist, das mit dem Wort «Gott» bezeichnet werden soll, um dann nach seiner Existenz zu fragen. Man darf auch bei Gott das Pferd nicht von hinten aufzäumen.

«WENN ES GOTT NICHT GÄBE, MÜSSTE MAN IHN ERFINDEN.» – Voltaires listigster Satz! Der Irrealis setzt voraus, dass Gott ist, unterstellt aber zugleich, dass erfolgreiche Erfindungen in diesen Dingen nicht ausgeschlossen sind. Vielleicht hat sich Voltaire auch nur im Modus geirrt. «Da es Gott nicht gibt, muss man ihn erfinden.» Doch wen genau? Der Geist der Erfinder müsste sich erst einmal über das Wesen des Wesens Gedanken machen, das da erfunden werden soll, zumal im Reich der Erfindung anders als in der Wirklichkeit vielerlei möglich ist. Und warum die Einzahl? «Wenn es die Götter nicht gäbe, müsste man sie erfinden?» Wie viele? Müsste man sie alle erfinden?

IMMERHIN. – Eigentlich war alles über dieses Thema gesagt. Warum er trotzdem fortfuhr, sich mit «Gott» zu befassen? Nun, es gab ja immer noch diejenigen, die an «Gott» glaubten. Doch das interessierte ihn nur am Rande. Es war eher die alte Anhänglichkeit, gepaart mit einer Portion Revanchismus: So viele Jahre hatte er mit «Gott» verbracht. Und jetzt wollte er nach dem Schaden auch selber für den Spott sorgen. Der Hauptgrund aber war der: ohne «Gott» fehlte es an einem ordentlichen Gegner. Die ganze Energie verpuffte im Leeren. Aber es gab ja die Reste des alten «Gottes». Nicht viel, aber immerhin! Gottseidank!

SPIRITUELLE «NOUVELLE VAGUE». – Als die Frommen im Lande sich zu genieren begannen, von «Religion» zu sprechen, entdeckten sie das «Spirituelle» und die «Spiritualität». Der Begriff hatte eine gewisse Aura, war aber auch so weit, dass er alle Formen der metaphysischen Wellness von der Meditation über das Heilfasten bis zum Tantra-Sex umfasste. Vor allem erübrigte es sich, noch von «Gott» sprechen zu müssen. Wer würde denn so grobschlächtig sein, die Dinge bei ihrem alten Namen zu nennen? Die spirituelle «nouvelle vague» war so angenehm konturenlos. Höchstens, dass man einen gewissen ästhetischen Preis dafür zahlte: Sie war hoffnungslos kitschig. Da war der alte knorrige Gott doch aus anderem Holz gewesen.

«ANNEHMEN» UND «LOSLASSEN». – Das «Annehmen» und das «Loslassen» sind die Lieblingstätigkeiten jener neuen Art von Frömmigkeit, die sich «spirituell» nennt. Wie der aufgenötigte Verzicht dank dem «Loslassen» zum Einverständnis werden soll, so das aufgenötigte Leiden dank dem «Annehmen» zur Gottesgabe. Beim «Annehmen» muss man nichts «hinnehmen», beim «Loslassen» geht nichts verloren. Die Worte reden die Dissonanzen harmonisch, die Schmerzen milde. Sie nehmen allem Widrigen den Stachel. Sie werfen sich dem Leiden begeistert an den Hals. Beide lügen sich das Leben zu einer Veranstaltung zurecht, bei der es allein auf das innere Wachstum ankommt. Beide rauben dem «Menschen in der Revolte» den letzten ihm möglichen Widerspruchsgeist. Beide pflegen eine sich «männlich gerierende Form von Demut»: so Günther Anders. Nietzsches «Amor fati» ist ihr Ahne.
Es mag sein, dass der «Mensch in der Revolte» einer infantil bleibenden Trotzreaktion entspringt. Aber dieser Trotz ist geradliniger, sein Gang aufrechter als die Demut der «Annehmer» und «Loslasser», die so reif sind, dass sie jederzeit bereit sind, vor dem Allerhöchsten oder wem immer zu Kreuze zu kriechen. Konformisten des Schicksals,

Gottes Speichellecker. Wer auf die Knie geht wie sie, sagt sein «Ja und Amen» zu allem, was die Menschen erleiden. Am besten, man lässt das «Annehmen» wie das «Loslassen» ein für alle Mal los.

ENTGÖTTERUNGSDIENST. – Das Gegengewicht zum «Gottesdienst» wäre der «Entgötterungsdienst». Aber warum denn schon wieder «dienen»?

FROMMER WUNSCH. – Die Philosophie ist die Überwindung der Angst. Schön wäre es, wenn man sich mit ihrer Hilfe auch der Angstmacher entledigen könnte.

NEUES EVANGELIUM. – «Die Wahrheit wird euch freimachen»? Eher so: Die Freiheit wird euch wahr machen. Die Bibel hat eine gewisse Neigung, die Dinge auf den Kopf zu stellen.

DER PREIS DER WAHRHEIT. – Was einem Glaubensbedürfnis entspricht, kann nicht wahr sein – eine schmerzhafte Wahrheit. Was passt, ist falsch. Wahr kann nur sein, was dem Bedürfnis widerspricht. Kein Wunder, dass die meisten lieber ans Glauben glauben wollen.

RELIGIÖSES PLACEBO. – «Ego te absolvo»: Wäre ja schön. Aber «ego te placebo» lautet die einzige sichere Verheißung der Religionen.

MÜLLABFUHR. – Die Entsorgung der Weihnachtsbäume zu Dreikönig. Da liegen sie nun achtlos am Straßenrand und warten auf die Müllabfuhr. Manche sind fast schon kahl, abgefallen die Nadeln. Keine Erinnerung mehr an Christbaumschmuck und Lichterglanz. Man muss vor der Müllabfuhr durch die Straßen gehen. Dann sieht man, was eine Desillusionierung ist.

MESSWEINPROBE. – Warum sind die Messweine oft so beklagenswert schlecht? Weil die Flaschen so lange geöffnet herumstehen? Weil auch die Kirche sparen muss? Weil der Messalkoholismus der Geistlichen in Grenzen gehalten werden soll? Dabei ist eigentlich klar, dass sie einen guten Wein brauchen. Sonst klappt es mit der Verwandlung nicht.

FALSCH VERWANDELT. – Brot in Fleisch, Wein in Blut zu verwandeln: welche Geschmacklosigkeit! Welche kannibalische Barbarei! Die unbekehrbaren Heiden der Spätantike wussten, warum sie die Christen verachteten. Wenn Fleisch in Brot, Blut in Wein verwandelt würde, wäre das ein Anlass zum Feiern. Aber so? «Dionysos gegen den Gekreuzigten»: Nietzsche hatte es wieder gewusst.

SIE WISSEN ZU VIEL. – «Diesseits», «Jenseits» – die Gläubigen leben über ihre Verhältnisse, wenn sie mit diesen famosen Begriffen operieren. Sie überschreiten die Grenzen schon, indem sie zwischen «Diesseits» und «Jenseits» unterscheiden, während der Ungläubige weder von einem «Jenseits» noch auch nur von einem «Diesseits» als Gegenbegriff weiß. Von den Toten sieht er nur, dass sie Leichen sind. Und von «Gott» kennt er allein die vier Buchstaben, mit denen die Gläubigen sprechen, solange sie noch nicht gestorben sind.

«GOTT»? – Ein «Four-letter-word». Das, immerhin, lässt sich über ihn sagen.

URBI ET ORBI. – Der Papst, wenn er «urbi et orbi» seinen Segen erteilt, versucht, Gott zu spielen: als allwissender Universaldolmetscher. Gott ist verpflichtet, alle Sprachen zu können, weil jeder Mensch ihn in seiner eigenen anspricht. Allwissenheit als Allsprachigkeit, Pfingstlichkeit in Permanenz. Freilich bringen beide, der Papst nicht anders als Gott, manche Sprachen dabei so durcheinander, dass man den Segen nicht mehr versteht.

AMNESTISCHER ATHEISMUS. – Selbst inständige Atheisten tun gut daran, ihren Unglauben nicht allzu heftig zu betonen. Sonst sind die sogenannten «Gottesleugner» für die Theologen ein allzu gefundenes Fressen. In Nietzsche beispielsweise hatten sie mit Recht den frömmsten aller Gottesmörder, den Hoftheologen des angeblich «toten Gottes» wiederentdeckt. Effektiver war es, Gott einfach zu vergessen wie seine einst so fromme, altgewordene Mutter. Sie hatte auf ihre dementen Tage statt des inständigen den amnestischen Atheismus praktiziert. Fragte man sie nach «Gott», so wusste sie einfach nicht mehr, wer oder was damit gemeint war.

Und in die «Kirche» wollte sie schon gar nicht gehen. Die Kirche sei das Gotteshaus, «Gottes Haus», erklärten ihr die Kinder. Sie lächelte. Das wusste sie besser.

«DAS GOTT». – Es war durchaus ein Fund, als der große Fritz Mauthner in seinem Entwurf einer «gottlosen Mystik» das Neutrum «das Gott» erwog. Die Sandkastenvorstellungen, die Gott nach dem Bilde der Menschen erschaffen hatten, die krasseste unter ihnen, dass Gott wie sie Person sei, waren so erledigt, ohne gleich das göttliche Kind mit dem kritischen Bade auszuschütten. In der Verbindung mit dem sächlich und sachlich bestimmten Artikel profitierte «Gott» noch einmal von einem letzten Verfremdungseffekt. «À la recherche du Dieu perdu» bot «das Gott» dem verbliebenen Gottes-Rest die letzte Überlebenschance. Aber Mauthner war klug genug, um zu erkennen, dass selbst «das Gott» noch viel zu viel behauptete. Deswegen strich er zuerst die vier «Gott»-Buchstaben aus seiner Formel. Und am Ende gab er konsequenterweise auch das «das» preis. Die Erosion Gottes konnte auch «das Gott» nicht aufhalten. Die sprach- und gottlose Mystik Mauthners war der letzte Reanimationsversuch für den Träger der vier Buchstaben.

«COGITO, ERGO EST»? – «Der Mensch denkt, also bin ich» –, denkt Gott. Ob er sich da nicht täuscht? Will man das etwa «denken» nennen? Aber es ist auch ein Sein danach.

GOTTVERTRAUEN. – «In God we trust»: Auf den amerikanischen Dollarnoten steht die wichtigste aller Devisen. Seit dem Kollaps der Finanztrusts weiß man wieder, wie unersetzlich das Gottvertrauen ist. Ohne den Kredit des Glaubens gäbe es keinen Glauben an den Kredit. Auf welchen Schein wäre sonst noch Verlass?

UNTER RAUBVÖGELN. – Im tiefsten Blau des Himmels zog ein Raubvogel seine Kreise. Ohne Flügelschlag sein Gleiten. Doch der Blick ging abwärts. Dann stieß er jäh hinab. Wahrscheinlich hatte er eine Maus entdeckt. So war das also mit denen, die da oben fliegen im Licht. Nichts als die irdischen Mäuse haben sie im Visier, die göttlichen Raubvögel.

DISKRET. – Der Beichtheilige Sankt Nepomuk, ein Tscheche? Unsinn! Er war Schweizer. Dank seiner Wahrung des Bankgeheimnisses wurde er heiliggesprochen. Nun steht er, auch wenn man keine Skulptur von ihm sehen kann, mit verzückten Zügen ob der Zahlen, über die er diskret den Mantel des Schweigens deckt, am Limmatquai. «Discrétion oblige», lautet sein erstes Gebot. Dafür lässt er sich zur Not auch in einen Sack stopfen – wie das Geld, das er verwahrt.

NICHT VERWUNDERLICH. – «Das Wunder ist des Glaubens liebstes Kind.» Nicht nur des Glaubens; auch der Philosophie: Pflegt sie nicht seit Platon und Aristoteles mit Begeisterung das (Be-) Staunen, das Sich-Verwundern? Der Glaube wie die Philosophie frönen der Leidenschaft für den Abnormalfall. Zur Klärung des Regelfalls leistet der eine nichts, die andere wenig. Das ist zu wenig, aber nicht verwunderlich.

KEINE EVOLUTION. – Niemand würde den «Kreationismus» heute diskussionswürdig finden, wenn es die Vorgaben des Weltschöpfungsglaubens nicht gegeben hätte. Der «Kreationismus» selber, eine durch und durch apologetische Ideologie, verdankt sich konsequenterweise nicht der Evolution, sondern der Regression.

WOHER? – «Zur Welt kommen»? Von woher?

ZU SPÄT. – Wenn Schöpfung Sinn hätte, dürfte sie keinen Anfang haben. Sie käme sonst immer zu spät.

KEINE SELBSTDISZIPLIN. – Als Gott sich nicht mehr beherrschen konnte, schuf er die Welt. Keine Selbstdisziplin. Man muss doch an sich halten können.

«URSACHEN» ODER «GRÜNDE»? – Wenn die Theologen die «Ursachen» heiligsprechen wollen, sprechen sie von – selbstverständlich guten – «Gründen». «Über die vielfache Wurzel des Satzes vom unzureichenden Grunde», lautet der richtige Titel der «Genesis».

SEHR GUT. – «Siehe, es war alles sehr gut.» Der Schöpfer, der sich am Ende seiner Sechstagewoche selber zu seinem Schöpfungswerk gratuliert, liefert nicht nur ein beklagenswertes Beispiel für den Mangel an Realismus. Er ist auch der bei weitem Eitelste in der Gemeinde der Selbstgefälligen. Den Realismus liefert er zwar mit den Folgen des Sündenfalls nach. Sein Schöpfer-Narzissmus aber bleibt ungetrübt. Er rettet sein Bild aus dem Desaster, indem er die Schuld nie bei sich selber sucht. Unter allen Uneinsichtigen ist er der Unbelehrbarste.

OBERSCHWABE. – Erst am siebenten Tag ruhte Er. Mein Gott, hätte er doch wenigstens einen Tag vorher mit der Schafferei aufgehört. Auf die Arbeit des sechsten Tages jedenfalls hätte man gut verzichten können. Aber so war es eben mit Gott. Schaffe, schaffe, Mensche baue. Dieser Oberschwabe.

NACKTE ERKENNTNIS. – Verständlich, aber auch verwunderlich, dass Gott am Ende seiner Schöpfungsarbeit nur ruht, aber nicht denkt. Eigentlich wäre nun Zeit dafür. Stattdessen lobt er sich und sein Werk am Abend des sechsten Tages. Da war er zu müde, um noch denken zu können. Und es war jene süße Müdigkeit, von der sich ein selbstzufriedener Gott am liebsten einlullen lässt. Das Denken mussten dann schon andere übernehmen, erst Satan, dann Adam und Eva, die zur Erkenntnis neigten, seitdem sie einander nackt gesehen hatten. Die Schlange hatte sie nur darin irregeführt, dass sie in der Erkenntnis wie Gott sein würden. Von Erkenntnis konnte bei ihm keine Rede sein.

UNTER EBENBILDERN. – Nichts ist ein klareres Indiz für die Gottebenbildlichkeit des Menschen wie für die Menschenebenbildlichkeit Gottes als die Langeweile. Beide laborieren an ihr. Deswegen mussten beide schaffen: einander. Doch gerade darin blieben sie sich ähnlich. Wie langweilig!

NICHTS NEUES. – «Gott schuf den Menschen nach seinem Bilde.» Nur schlüssig, dass dabei nichts Ordentliches herauskommen konnte. Öfter mal was Neues!

EXISTENTIELLE MITBESTIMMUNGSDEMOKRATIE. – Im Talmud heißt es: «Bevor Gott die Welt schuf, hielt er den Lebewesen einen

Spiegel vor, damit sie in ihm erkennten die Leiden des Geistes und die Verzückungen, die hervorgehen aus ihnen. Manche unter ihnen nahmen die Bürde des Lebens auf sich. Doch andere verweigerten das, und diese strich Gott aus dem Buch des Lebens.»

Alle Achtung! Ein Gott, der zwar noch an die Verzückungen selbst des Leidenslebens glaubt, aber vorher nachfragt, ob die Leidtragenden die Bürde des Lebens denn auch tragen wollen. Existentielle Mitbestimmungsdemokratie. Allerdings: Wer die Bürde des Leidens nicht tragen will, wird aus dem Buch des Lebens gestrichen. Das heißt umgekehrt: Wer nicht gestrichen ist, wer lebt, hat sich für das Leben entschieden. Er hat es nicht anders gewollt. Wie unbedacht!

EIN SCHÖNES FEST. – Bei der Taufe wird der Name gegeben. Der Eigenname wird mit der Eingemeindung, der Enteignung des Individuums bezahlt, bevor es überhaupt anfängt, als solches zu leben. Deswegen ist jede Taufe zugleich eine Beerdigung. Immerhin wird der neue Namensträger bei seiner Zwangstaufe fast schon ersäuft. Da kann ihm selbst sein empörtes Geschrei nicht helfen. Alle Beteiligten meinen es offensichtlich nur gut mit ihm. Ein schönes Fest.

PARADIES I. – Der biblische Gott macht sich nur selten Gedanken. Und wenn er das versucht, geht es schief. Man betrachte nur das von ihm installierte Paradies.

Von allem dürfen die Menschen essen, nur von diesem einen Baum nicht. Aber gibt es Paradiese, in denen etwas vorenthalten wird? Paradiese sind nun einmal total oder sie sind keine Paradiese. Exklusionen vertragen sich mit ihnen nicht.

Wie ungereimt auch, dass die Erkenntnis von Gut und Böse nur den Menschen verschlossen sein soll: ein Gottesprivileg. Was hat denn Gott von dieser exklusiven Erkenntnis? Im Übrigen haben die Menschen sie schon, bevor sie vom Baum der Erkenntnis essen. Ja, sie müssen sie haben. Denn wie sollen sie sonst wissen, was ein Verbot, was guter Gehorsam und böse Sünde ist? War Gott das nicht aufgefallen? War er etwa dumm?

Wie ungereimt schließlich Gottes letztes Reservat: Die Menschen sollen nicht auch noch vom Baum des Lebens essen. Aber sie haben schon vorher vom Baum des Lebens gegessen, als sie mit Gottes

Erlaubnis von allen Bäumen mit Ausnahme des Baumes der Erkenntnis essen durften. Da war er noch kulant. Irgendwie hat Gott die Sache mit den Bäumen nicht auf die Reihe bekommen.

Hätte er es, dann wäre selbst er vielleicht stutzig geworden. Wo blieb hier die Logik? Ein Gott, der den Menschen Leben gibt, aber den Baum des Lebens vorenthält? Ein Gott, der den Menschen Geist gibt, aber die Erkenntnis verwehrt? Es gab nur eine: er hatte keine.

PARADIES II. – Die Psychologie der Genesis verbindet den Nachahmungstrieb mit einer Art von Copy-Verbot. Die Menschen wollen wie zuvor Satan alle nur «Werden-Wie». Gott aber, der Eifersüchtige, der Eitle, kennt keinen höheren Ehrgeiz, als dass sie auf keinen Fall «Werden-Wie-Er».

Dabei hatte er selbst damit angefangen, als er die Menschen nach seinem Bilde schuf. Mimesis war seit je die Absicht. Und das war auch plausibel so. Denn gibt es ein größeres Selbstlob als das «Machen-Wie»? Eigentlich hätte er auch das Werden-Wollen wie Er als Schmeichelei auffassen können. Doch dafür war dieser eitle Gott zu dumm gewesen. Hätten Satan und die Menschen das beizeiten begriffen – hätten sie dann noch werden wollen wie Er?

PARADIES III. – Das Verbot ist die Mutter aller Wünsche. Die Schlange hat daraus ihr Kapital geschlagen. Gott aber hat mit seinem Verbot den wahren Verführer gemacht. Deswegen müsste eigentlich er aus dem Paradies vertrieben werden. Doch was könnte er dann noch tun? Unter Schmerzen Kinder gebären? Im Schweiße seines Angesichts wie die Menschen sein Brot essen? Damit wäre er zweifellos überfordert. Denn dann wäre er allzu sehr geworden wie sie.

PARADIES IV. – Bei allem, was man gegen Gott sagen mochte – er muss ein ziemlich kluger Psychologe gewesen sein. Er wusste, dass nur ein Tabu die Menschen aufeinander scharfmachen kann. Deswegen sind moralische Zeiten der Versuchung günstig, tabulose hingegen zum Tod durch Langeweile verurteilt. Wer wird sich noch die Mühe machen zu tun, was jeder darf? Daher die spürbare Trauer, wenn «das letzte Tabu» gebrochen wird. Daher die Langeweile, die auf den saturierten Gesichtern des Laissez-faire liegt. Der kluge Stifter des sechsten Verbots muss freilich auch ein sexueller Nihilist gewesen sein. Denn kann man deutlicher als mit der Verhängung eines Tabus eingestehen, dass es mit der Sache selber nicht so weit her ist? Ohne Sünde geht hier rein gar nichts. Das meinte wahrscheinlich der Pastorensohn Friedrich Nietzsche, als er über die Geburt der Lust aus dem Geist der Sünde schrieb. Glücklicherweise kann stets ein weiteres «Letztes Tabu» gebrochen werden. Gottseidank ist es immer nur das vorletzte. Dann wachsen neue Chancen der Sünde nach. Man kann Gott gar nicht dankbar genug sein.

LIEBESPFLICHT. – Nichts liebte Gott so sehr wie die Liebe. Deswegen überlegte er lange, wie er sie in den Herzen der Menschen fest verankern könnte. Schließlich hatte er die Idee, ihnen zur Pflicht zu machen, ihren Nächsten wie sich selbst zu lieben. Leider musste er feststellen, dass ein Liebes-Imperativ das sicherste Mittel war, ihnen die Liebe zu verleiden. Und er sah, dass er es nicht klug gemacht hatte.

MYTHOLOGIEN. – Es gibt «von oben» und «von unten» gedachte, deduktive und induktive Mythologien, unnatürlich, widernatürlich die einen, die anderen pure Natur. Die christliche und die antike Mythologie liefern die Exempel. Wo die Antike ihre Liebes- und Mordsgeschichten von höchst menschlichen Göttern erzählt, dekliniert das Christentum seine absurden trinitarischen Einfälle. Der «Sohn» etwa ist nicht wirklich Sohn, sondern «wesensgleich» mit dem «Vater», der ihn auf allen möglichen, nur nicht natürlichen Wegen zur Erfüllung eines hochkomplizierten göttlichen Heilsplanes gezeugt hat, derweilen der Hl. Geist, dieser ewige Dritte im Bunde, als weiße Taube, als göttlicher Albino, weit über der Erde brütet.

Nur eine große christliche Ausnahme gibt es, auch wenn sie sich ägyptischer Herkunft, der Isis mit dem Horus-Knaben verdankt: die Gottesmutter mit ihrem Kind. Hier stimmen die Bilder. Eine Mutter liebt, hält und nährt ihren Kleinen, lächelt über ihn, trauert über ihren toten Sohn.

Freilich muss auch diese Mutter erst einmal die absurde Jungfrau hinter sich bringen, die von Sinnenliebe und Körperglück nichts wissen will. Ihr Sohn kommt zwar aus dem Bauch. Aber er darf nun einmal nicht auf natürlichen Wegen vorher hinein. Da ist die Stunde des Hl. Geistes gekommen.

GEFASST. – Die grandiosen Mutter-Göttinnen der Auvergne. Als «Vierges-en-majesté» werden zwar auch sie von der neurotischen katholischen Sexualmythologie fehlbenannt. Aber wie schön sie sind! Welche Größe, welche Anziehungskraft, welcher Horizont! Sie wissen, was kommt. Und das Schlimmste kommt immer zuletzt. Deswegen geht ihr Blick ins Ferne, ins Weite, über den rührenden Sohn, den sie auf ihrem Schoß halten, hinweg. Aber sie wahren die Fassung. Sehend. Sie verdienen, dass sie verehrt werden.

ARMES SCHWEIN. – Marias unberührte Empfängnis: Kann man die Enthaltsamkeit weitertreiben? Und Josef steht abseits. Das arme Schwein.

DER STELLVERTRETER. – «Empfangen durch den Heiligen Geist, geboren aus Maria, der Jungfrau ...» Wenn doch alle Empfängnisse dem Hl. Geist überlassen blieben. Dann hielten sich die Geburten in Grenzen.

VON OBEN. – «Der Hl. Geist wird über dich kommen» (Lukas 1,35). Genau so war es. Man hat sich das bisher nur nicht wörtlich genug vorgestellt. Es war die Missionars-Stellung. In den anderen Positionen kannte der Hl. Geist sich nicht aus. Deswegen kam er immer von oben.

WASCHZWANG. – Der Waschzwang ist die Art von Zwangsneurose, die nach der von Freud hergestellten Verbindung in der Tat am besten für die Pathologie der Religionen passt. Wer auch immer als Erster die Natur des Menschen mit Dreck beworfen hat – seitdem versuchen sie verzweifelt, ihre Hände wieder in Unschuld zu waschen. Das Ziel der Säuberung nennen die Religionen dann Erlösung.

«NACH UNS DIE SINTFLUT!» – So sprechen die Eltern der überbevölkerten Welt zu ihrer Nachkommenschaft. Die «Sintflut» sind ihre Kinder.

EINE AUSSTERBENDE ART. – Mit der Sintflut erhielt die Welt noch einmal die Chance eines Neuanfangs. Doch dann kam Noah. Und mit ihm eine Archenbesatzung, die durch und durch konservativ war. Sie orientierte sich an den alten Modellen.

Der Schöpfer hatte es ihr freilich vorgemacht: «Nach seinem Bilde» hatte er sie geschaffen. Unterschiedlich freilich, dass er dabei solo geblieben war, während sie zur Erhaltung der Art wenigstens einander «erkennen» und den kleinen Tod sterben durften, um den größeren zu verhindern. Gott hatte es mit der Ebenbildlichkeit nicht weit genug gebracht. Vielleicht ging es ihm deswegen jetzt so schlecht, dass manche schon an seinen Abgang glaubten. Warum hatte Noah keinen Gott in seiner Arche untergebracht?

DER KURZSICHTIGE GOTT. – «Wachset und mehret Euch!» Selten hat sich der Schöpfer mit einem seiner Gebote so vergaloppiert. Er hatte es gut gemeint. Aber er hatte nicht an die Folgen gedacht. Vielleicht, weil er nur Einer war.

KAMPF UMS DASEIN. – Wie undankbar ist die Kirche gewesen, als sie Darwin in den Bann getan hat. Mit ihrer Unsterblichkeitslehre hat sie den Kampf ums Dasein seit je selber ausgefochten.

RECYCLING. – Warum erfreut sich das Recycling so großen Zuspruchs? Weil es die realistischere Form der Unsterblichkeit ist. Sublimation der irdischen Abfallwirtschaft mit hinausgeschobenem Verfallsdatum.

UNTER SEELENWANDERERN. – Die Überbevölkerung ist die Nemesis des Seelenwanderungsglaubens. Woher soll man alle die Seelen der neuen Wanderer nehmen und nicht stehlen? Da helfen nur noch die Tiere und die Pflanzen weiter. Aber wie steht es um das Karma der Pflanzen? Und was ist mit den Göttern, wenn sie zu Menschen werden? Halten sie ihren Bevölkerungsanteil konstant?

DOPPELT GEMOPPELT. – Es ist schwierig geworden, ans ewige Leben zu glauben. Deswegen sprechen sie neuerdings, um ihr inkarniertes Leben vor dem Tode zu retten, lieber gleich von «Reinkarnation». Doppelt gemoppelt hält auch im ewigen Leben besser.

MAUSETOT. – Die Religionen lehren die Inkarnation, sogar die christliche, die es in diesem Sinn, wenn auch nur in diesem, buchstäblich mit dem Fleische hat. Freilich sollten sich ihre Bekenner unter dieser Voraussetzung einmal eine Leiche ansehen: so etwas von eingefleischt! So etwas von mausetot! Man muss schon völlig unbelehrbar sein, um danach noch an eine Unsterblichkeit der «Seele» glauben zu können.

AUFFAHRT. – Gerade ist er noch brutal gekreuzigt worden. Die Geißelungsspuren, die von den Nägeln geschlagenen Wunden legen ihr blutiges Zeugnis ab. Das leichenblasse Licht der beginnenden Verwesung liegt schon über der tödlichen Szene.

Doch schon in der nächsten Szene fährt der Auferstandene in einer Gloriole von weißem und farbigem Licht, jenseits aller Grenzen, vor allem der Kitschgrenze, segnend und alle seine voraufgegangenen Molesten vergessend, gen Himmel auf.

Was Realismus, was das Phantasma eines leeren Glaubens ist, zeigt wie vielleicht kein anderes Werk der Kunst der Isenheimer Altar. Der Tod eines Gemarterten – man kann ihn nicht ungeschönter zeigen. Die Auffahrt des Auferstandenen indessen könnte nicht blässer sein. Umrissene Individualität ist nur um den Preis einer gewissen Düsternis, der Teilhaberschaft am Fleisch und am Leiden zu haben. Die Verklärten aber, die Erlösten – sie verlieren wie der auffahrende Gottessohn ihre Konturen. Das Licht des Isenheimer Altars löst die Personengrenzen und mit ihr die Personen selber auf. Wie fatal für sie, wenn die Körper ihre Vergeistigung, die Sterblichen ihre Verewigung, die Toten ihre Auferstehung erleben.

NACHFOLGE. – Die Raffinesse des Christentums liegt darin, dass es Gott selbst in den Tod schickt, um den Menschen durch ihn und mit ihm auferstehen zu lassen. Da kann man doch getrost folgen.

DAS LIEBE EWIGE ICH. – Die Spirituellen von heute geben eher ihren Gott als ihre Unsterblichkeit preis. Das war noch anders, als Jean Paul lieber die Unsterblichkeit als seinen Vatergott opferte. Der Narzissmus hat seither so große Fortschritte gemacht, dass kein heutiger Esoteriker mehr auf die Fortdauer seines lieben Ichs verzichten mag. Der Unsterblichkeitswahn ist die penetranteste

Form der Eitelkeit. Aber es mag auch eine Portion Realismus mitspielen. Bei ihrem Ich sind sich die Esoteriker von heute mehr oder weniger gewiss, dass es existiert. Warum also sollte es nicht fortexistieren können? Bei Gott hingegen ist die Sache schon bei der Existenz nicht so sicher. Da hält man sich doch lieber an das, was man hat. Und dann der größte Vorzug des Unsterblichkeitsglaubens: wenn er falsifiziert wird, ist niemand mehr dabei.

LETZTER HOLZWEG. – Als Heidegger Hannah Arendts «weg» beim Tod ihres geliebten Mannes als «Weg» missverstand, sprach noch einmal die Sprache von Messkirch. Die Lakonie des endgültigen, unersetzlichen Verlustes, der nichts mehr hinzuzufügen war, wich dem letzten Abhub der Mesner-Metaphysik, die nur einen Weg kannte: Auf jenen Stern zuzugehen, den Heideggers Grabstein zeigte. Heideggers letzter Holzweg.

BIS IN ALLE EWIGKEIT? – Immer, wenn man geglaubt hatte, Gott wäre endlich tot, meldeten sich irgendwelche übriggebliebenen oder wiederauferstandenen Bekenner. War das etwa ein neuer «Gottesbeweis»? Es war schlichter: Sie hingen am Leben, an dem ihren und deswegen auch an dem seinen. Aber musste man denn gleich leben bis in alle Ewigkeit?

«ÜBERNATÜRLICH». – Natürlich, ein Wesen, das vom Tode weiß, kann nur vom «Übernatürlichen» Erlösung hoffen. Es ist seit je aus der Natur herausgefallen. Religion und Philosophie sind die Nutznießer der Vertreibung aus dem Paradies.

UNTER ERLÖSERN. – Im Kreise der Erlöser ist der Buddha konkurrenzlos, weil er gründlicher als alle anderen ist. Denn sie wollen nur vom Symptom, vom Leiden erlösen. Er aber ist klug genug, von der Bedingung des Leidens, der Gier nach Leben, zu befreien.

LETZTER LÄRM. – Seit je war er ein Liebhaber von Totenmessen. Da er die seine nicht hören würde, musste er sie antizipieren. Bei jeder Gelegenheit machte er sich mit dem «Dies irae» und dem «Dona eis requiem» musikalisch vertraut. Aber er gab der ewigen Ruhe den Vorzug. Das «Dies irae» war so fürchterlich laut, der letzte Lärm, der ihn noch bis ins Grab verfolgen wollte. Freilich war auch die Bitte um die ewige Ruhe noch zu hören. Erst, wenn diese letzte Bitte verstummte, trat ihre Erfüllung ein.

WOHIN? – Wer versucht, längere Zeit an einem Ort zu bleiben, wird vor Langeweile vergehen. Ortsveränderung ist das Vehikel, mit dem allein die Zeit auszuhalten ist. Aus dieser Perspektive empfiehlt es sich keinesfalls, immer «hier» zu bleiben oder unablässig «da» zu sein. Der Ortswechsel, auch der vom «Diesseits» zum «Jenseits», ist vielmehr die einzige Methode, Ewigkeit zu ertragen. Aber wohin im «Jenseits»? Rückwärts, wieder ins «Diesseits»? Vorwärts, ins «Jenseits» des «Jenseits»? Wie soll das gehen? Wohin soll das führen? Es hilft alles nichts. Wenn auch die jenseitigsten Möglichkeiten der Ortsveränderung ausgeschöpft sind, wird man sich unwiderruflich langweilen müssen. Gute Aussichten!

SCHEINTOT. – Um ihrer Furcht vor dem Tod Herr zu werden, sprechen die Christen von Auferstehung und ewigem Leben. Jeder Tod ist für sie insofern ein Scheintod, ein scheinbarer Tod. Vom Scheintod als solchem freilich wollen sie nichts wissen. Im Gegenteil, sie fürchten ihn wie weniges sonst. Wahrhaftig, welch ein Schrecken, sich bei lebendigem Leibe in Sarg und Grab wiederzufinden statt auf das Zuverlässigste tot zu sein. Selbst die guten Christen räumen damit ein, dass es Schlimmeres gibt als den Tod, eben den Scheintod. Ein ziemlich hoher Preis für das ewige Leben. Da wäre man doch lieber gleich und ein für alle Mal tot.

PANIK. – Panik entsteht, wenn man über den Schrecken aller Schrecken nicht hinauszudenken, wenn man ihn nicht zu relativieren vermag. Panik heißt: Am Unvorstellbaren scheitern, für die meisten: am Tod. Deswegen gibt es die Religionen. Religionen sind Panikprophylaxe. Mit der christlichen handelt man sich freilich sofort die nächste Panik ein: die vor der ewigen Verdammnis.

ÜBERLISTET. – Die Lehre des absoluten Quietismus, sich aus unbedingter Liebe zu Gott noch in die von ihm verhängte Verdammnis zu ergeben, wäre das traurigste Exempel völliger Selbstpreisgabe und Widerstandslosigkeit, wenn die quietistische Raffinesse nicht eben damit auf das Heil kalkuliert hätte. Gott sollte überlistet werden. Weil er so herrschsüchtig und eitel ist, dass er keinem Akt bedingungsloser Unterwerfung widerstehen kann, wird das gelingen. Bei Gott, Eitelkeit macht dumm.

VÄTER UND SÖHNE. – Es hat seine Logik, dass Gott Abraham befiehlt, seinen Sohn Isaak zu töten. Indem der Vatergott dem Vater das barbarische Sohnesopfer abverlangt, macht er die Probe auf Abrahams absoluten Gehorsam. Dass Gott dann generös auf das Opfer verzichtet, ist nicht seiner Gnade zu danken, sondern der Tatsache, dass er sich der Unterwerfung vergewissert hat. Darauf, nicht auf eine Leiche mehr oder weniger, kam es ihm an. Die letzte Steigerung des Gehorsams erfolgt dann, indem der Gottessohn selber das Vaterkreuz auf sich nimmt. Und dabei bleibt im Unterschied zu der Geschichte Abrahams und Isaaks die Begnadigung aus. Die christliche Liebesreligion hat weitere Fortschritte gemacht.

DAS PARADOX DES CHRISTENTUMS. – Eine sadistische Liebesreligion: gibt es das? Das Christentum hat es gezeigt: Es trieft von Blut und Liebe. Es hat den Sündern Erlösung, die Wiedergewinnung des Paradieses, die Verzeihung eines barmherzigen Gottes versprochen. Es war sogar willens, Gottes eigenen geliebten Sohn für diesen guten Zweck zu opfern. Aber welch grausames Martyrium war der Preis. Folterwerkzeug und Heilssymbol kamen im Kreuz zusammen. Und jedes Dasein war dazu verurteilt, sein Kreuz auf sich zu nehmen. Doch wehe, wehe, wenn der Gehorsam ausblieb. Dann war statt der Erlösung die Hölle gewiss. Mit der Drohung ewiger Verdammnis erreichte das Christentum seine sadistische Hochform. Auf diesen perversen Einfall musste man erst einmal kommen, wenn man die Menschenkinder angeblich zu erlösen gesonnen war.

KINDERHÖLLE. – Seine frühe Verzweiflung hatte dem «Nie-Wieder» gegolten, das dem vergänglichen Leben den Atem abschnürte. Zwei Worte, vor denen es kein Entkommen gab: Für immer nie wieder. Doch es gab noch Schlimmeres: «namenlos» genannte Ängste, die gleichwohl einen Namen hatten: den der «Hölle», der ewigen Hölle, höllischer Ewigkeit. Kinderängste, Höllenängste. Wer sie Kindern eingeflößt hatte, verdiente eigentlich die Hölle. Doch kann man die Hölle eben nicht «verdienen». Deswegen war er gnädig und sagte nur: «unverzeihlich». Keine andere Religion hatte es mit der Marterform höllischer Ewigkeit so unverzeihlich weit wie die christliche gebracht.

UNTER ERLÖSERN. – Von der «Seelenwanderung» über die «Hölle» zur «Ewigen Wiederkehr»: Konnte man den Sadismus weiter treiben? Interessanterweise verstanden sich die Stifter dieser Lehren, auch Nietzsche noch, zugleich als Erlöser. Darunter tat es ihre Eitelkeit nicht. Wollten sie sich einen Jux machen? Auf wessen Kosten? Allerdings, zu ihrer Ehrenrettung sei es gesagt, Selbstquälerei war auch dabei. Nur der Buddha war einem gesunden Egoismus gefolgt. Er war nicht weniger grausam als seine Kollegen gewesen, als er die Seelenwanderer ihrer Wiederkehr überantwortet hatte. Aber er selber war klüger als alle anderen gewesen. Beizeiten hatte er für alle Zeit Schluss gemacht. Und er hatte dazu gelacht. Nicht ohne eine gewisse Ironie hatte er noch kurz zuvor von seinem «vollständigen Erwachen» gesprochen. Selber schuld, wer das wörtlich nahm.

«GOTTSEIBEIUNS». – Der hintergründigste Name Gottes. Man muss ihn nur anrufen – und schon ist der Teufel da.

«NON SERVIAM.» – Luzifers Unwille zu dienen, soll seine Ursünde sein? Sklavenmoral! Gehorsam ist die servilste aller Tugenden.

GOTTES SÜNDE. – Luzifer wollte sein wie Gott. War das denn so unverständlich? War es nicht in der Tat äußerst wünschenswert? Und hätte ein großzügiger Gott Luzifer nicht an seinem Sein teilhaben lassen? Aber da eben lag die Crux: Gott war nicht großzügig, vielmehr eifersüchtig wie die Kleinkariertesten seiner Geschöpfe. Und erst damit kam die Sünde in die Welt. Aber Luzifer verzieh Gott, großzügig wie er war.

TEUFELSANBETUNG. – Wie kläglich bleiben die Darstellungen Gottes in der Bildenden Kunst hinter denen des Teufels zurück. Ihnen fehlt jener Schauder, den jede begabtere Satansphantasie erreicht. Selbst ein Gott wie der von Blake: ein Produkt des Body-Buildings im metaphysischen Fitness-Studio. Dagegen Blakes und Hogarths Satan: konkurrenzlos fürchterlich. Die negative Theologie hat die Schlussfolgerung aus diesem Debakel gezogen. Sie war nicht etwa die Antwort auf die schlechthinnige Transzendenz Gottes, wie gerne kolportiert wird. Sie konnte den blassen Gott vielmehr nur noch durch Aussageverweigerung retten. Aber der Satan! In der positiven Satanologie des Schrecklichen war er jederzeit überwältigend präsent. Auch ohne Glauben konnte man darüber zum Teufelsanbeter werden. Es fehlte nur noch, dass Satan sich darüber ins Fäustchen lachte.

Te Deum. – Die singende Gemeinde teilt Gott mit, was er eigentlich schon weiß, aber sie ihm zur Sicherheit noch einmal eigens sagen will: dass sie ihn lobt; dass sie seine Stärke preist; dass die Erde sich vor ihm neigt; dass sie seine Werke bewundert; dass er in Ewigkeit bleiben wird, wie er vor aller Zeit war. Offenbar eine Gemeinde von schmeichlerischen Geistern. Aber was tut man nicht alles, um sich mit einem höheren, ja dem höchsten Herrn gut zu stellen. Der angestammte Platz eines Gläubigen ist im Staub. Von da hebt er seinen Blick zur Ehre der Altäre und singt sein Tedeum dazu. Man kann ja nie wissen, ob Gott schon alles über sich und seine Größe weiß.

Zwangsweise. – Die sogenannten «Zwangsvorstellungen» sind meistens «Zwangssätze». Die Litaneien sind ihre fromme Form. Gott muss sie hören, ob er will oder nicht.

Hiobs Gottesbeweis. – Hiob meint es gut mit Gott: Er klagt ihn an. Also ist er.

Gottes Test. – Bei allem, was Gott geschehen ließ, hatte er sich immer etwas gedacht. Das war schließlich seine Aufgabe. Gleich ob Strafe oder Prüfung – er hatte es in seiner unendlichen Weisheit so gewollt. Und wusste man einmal nicht, worauf er es abgesehen hatte, half seine bekannte Unerforschlichkeit. Nur einmal war er ratlos. Da war er auf einen getroffen, der ihm sonst immer ergeben gewesen war. Hiob hieß er. Fast alles hatte Gott ihm genommen,

Frauen, Kinder, Sklaven, Vieh. Aber das war selbstverständlich nur zu Testzwecken geschehen. Gott wollte allein seine Demut prüfen. Doch da hatte er sich verrechnet. Denn es stellte sich nun heraus, dass in Wahrheit Er, Gott, von Hiob getestet worden war: ob er der Versuchung, einen ergebenen Diener wie Hiob zu testen, widerstehen könnte. Er hatte es nicht gekonnt. Gott war der Versuchung erlegen. Er war durchgefallen.

GENITIVE. – «Gottesurteil», «Christenverfolgung»: Die Sprache der «Advocati Dei» geht wechselnde Wege. Die «Christenverfolgung» ist wie selbstverständlich die Verfolgung der Christen, Genitivus objectivus, nicht die Verfolgung durch die Christen, Genitivus subjectivus. Das «Gottesurteil» hingegen gibt es nur als Genitivus subjectivus, nicht als Urteil über ihn. Undenkbar, ihm den Prozess zu machen.

THEODIZEE EX ABSENTIA. – Stendhals Bonmot, um das selbst der Gottesmörder Nietzsche ihn beneidete: «Die einzige Entschuldigung Gottes ist, dass er nicht existiert.» In der Tat: bravo, bravissimo! Eine Theodizee ex absentia. Man muss Gott gleich so gründlich wie Stendhal entschuldigen. Ein Freispruch mangels Existenz, ein vernichtendes Alibi!

ÜBERFORDERT. – In einem Punkt hat das Christentum Recht: Es ist ein Kreuz mit Gott. Gerade, wenn man ihn braucht, ist er nicht da. Aber verlangt man nicht auch zu viel von ihm? Überall soll der gute Mann sein. Und dann auch noch gleichzeitig.

PANTHEISMUS. – «Alles ist Gott», das ließe man sich ja noch gefallen. Aber «Gott ist Alles»? Der arme Kerl!

NICHT GENUG. – «Wo war Gott in Auschwitz?» «Am Kreuz» (Robert Spaemann). Das ist für einen Gott nicht genug.

TERRA COGNITA. – Seit Aristoteles und den Stoikern, vollends dann bei Leibniz, Hegel und Nietzsche, beruft sich die Theodizee auf das gute Ganze, um das schlechte Einzelne zu rechtfertigen. Umgekehrt wird eher ein Stiefel daraus: Das Einzelne ist hier und da, wenn wir Glück haben, nicht von Übel. Aber sieht man das, was man sehen kann, im Zusammenhang an, wird die Summe katastrophal. Ganz abgesehen davon, dass das «Ganze» der Theodizee seit je nur dazu dient, die Zuflucht zu einem Unabsehbaren zu nehmen, dessen behauptetes Wesen sich der Falsifikation entzieht. Die Verifikation obliegt dem Glauben. Das Ganze ist für ihn das Nichtwissbare und gerade deswegen die terra cognita der Theodizee. Nichts sagen die Rechtfertiger Gottes lieber als: «Ignoramus, ignorabimus».

THEODIZEE DER GLATZE. – Der spätantike Rhetor, Philosoph und Metropolit Synesios von Kyrene (365-413) hat, durch die schmerzhafte Erfahrung des Haarausfalls klug geworden, mit eherner Folgerichtigkeit die keralogische Konsequenz gezogen. Wenn es stimmt, dass der Verstand dort einzieht, wo die Haare ausfallen, und das Licht der Erkenntnis auf dem haarlosen Kopf zu Hause ist, der im übrigen in seiner vollendeten Kugelgestalt der runden kosmologischen Schönheit der Planeten entspricht – dann ist auch und zu allererst Gott kahl: so Synesios' Theodizee der Glatze. Damit hat Gott zwar kaum noch Ähnlichkeit mit jenem kraftvollen Haupthaarträger, der sonst das Bild des Schöpfers prägt. Aber umso näher steht Synesios, wiewohl christlicher Konvertit, der glatzenfreundlichen antiken Philosophie. Umso offensichtlicher auch der Nutzeffekt seiner Theodizee der Glatze. Denn sie bewahrt ihn vor der gegenteiligen Hypothese, dass der Diabolos bei der Zerstörung der Haarpracht seine bösen Finger im Spiel gehabt habe. Freilich kommt es auf die Totalität der Glatze an. Wem ist damit gedient, wenn noch drei oder vier Haare übrig sind, die man allenfalls nach den Gesetzen der Höhenkammkeralogie von einer Schläfe zur anderen über den nackten Schädel legen kann? Damit fiele man statt des vollendeten Nichts der völligen Verglatzung auf das halbherzige Noch-Nicht zurück. Oder man stelle sich vor, ein auf seine Haarpracht vormals stolzer Gott trüge ein Toupet. Bei den Haaren nicht anders als bei allem übrigen Seienden kommt es auf das rückhaltlose nihil negativum, den vollendeten Nihilismus an. Nur das partielle, das relative Nichts ist von Übel. Das gezeigt zu haben, macht die Keralogie zur Königsdisziplin der Ontologie. Gott in seiner ganzen Kahlheit wird es Synesios danken.

UMSO BESSER FÜR DIE TATSACHEN. – Das Hegel zugeschriebene Bonmot: «umso schlimmer für die Tatsachen» – wenn sie mit den Theorien nicht harmonieren – ist ein hübscher Witz. Aber es gibt auch die Art von Gewaltanwendung, die sich Theorie nennt, auf das Präziseste wieder. Die Theodizee beispielsweise ist solch eine gewaltsame «Theorie». Welche Anstrengungen unternimmt sie nicht, um die Lehre von einem allgütigen, allweisen, allmächtigen Gott mit der ganz anders gearteten Verfassung der Welt und der nur allzu empirischen Leidenserfahrung des Lebens halbwegs in Einklang zu bringen. Welche Verrenkungen zwingt sich der gehorsame Geist, der sonst gerne den zwanglosen Zwang der Vernunft für seine «Gottesbeweise» in Anspruch nimmt, zu diesem Zweck nicht ab. Dabei könnte er es so viel einfacher, so viel überzeugender haben. Er müsste nicht einmal einen Teufel mit auf die Rechnung setzen. Er müsste nur akzeptieren, dass wahrhaftig nicht viel für die Annahme eines guten Gottes spricht. Umso schlechter zwar für die Gotteswissenschaft. Aber umso besser für die Tatsachen.

DIE WITZE GOTTES. – Wie war Gott für ihn lebendig gewesen, als er Kind war und unter den Gottgläubigen lebte, wie selbstverständlich, wie unvorstellbar, dass es ihn nicht geben sollte. Dann hatte er mit dem Beginn seiner Studien das Milieu gewechselt – und nichts kam ihm nun absurder, unvorstellbarer als der frühere Glaube vor. Gott war nicht nur tot. Wie hatte man nur auf jene absurde Hypothese verfallen können, die auf den Namen «Gott» getauft worden war? Nichts an ihm war glaubwürdig, weder das lächerliche Gerede von seiner Allmacht, Allgüte, Allweisheit, jenen famosen Attributen, die seine Bekenner ihm zugeschrieben hatten, noch überhaupt seine Existenz.
Dieses in einen endlosen Raum auseinanderdriftende, sich in einer unabsehbaren Zeit verlierende Multiversum sollte einst von irgendeinem «Schöpfer» «gemacht» worden sein? Sandkastenbegriffe!
Ausgerechnet dieser Miniplanet sollte der Erscheinungsort eines Gottsohnes gewesen sein? Darauf musste man erst einmal kommen! Er sollte es auf das Glück der Menschen abgesehen haben, auch wenn er sie zu diesem Zweck erst einmal erlösen musste? Mein Gott, wie kompliziert!

Er sollte ihnen den Himmel versprochen haben, auch wenn es nicht zu vermeiden war, dass etliche von ihnen in die Hölle kamen? Ein schlechter Witz!

Ja, er sollte sie geschaffen haben, obwohl er von vornherein wusste, dass sie dieses Ende nehmen würden?

Der Mann hatte Humor. Dass wir nicht lachen!

MURPHY'S LAW. – «Murphy's law» – «was katastrophal ausgehen kann, geht auch katastrophal aus» – gilt als Prognose, fälschlicherweise. Tatsächlich handelt es sich um eine empirische Beobachtung, die mit «Gesetz» zwar vielleicht etwas übertrieben formuliert ist, weil der Schluss vom Potentialis auf den Realis nicht zwingend ist, aber doch meistens ins Schwarze trifft. «Murphy's law» ist die bündigste Formel für das Scheitern aller philosophischen Versuche in der Theodizee. Selbst in der besten aller möglichen Welten nimmt alles die schlimmstmögliche Wendung. Gott weiß nur noch nicht, dass er «Murphy» heißt.

KOPFLOS? – Die Nachrichtenagenturen melden: In N.N. wurde ein Kind mit zwei Köpfen geboren. Angesichts einer Meldung wie dieser stellt sich die Theodizee-Frage konkreter, als man es gewohnt ist. Was konnte einen allmächtigen, allweisen, allgütigen Gott bewegen, ein Kind gleich mit zwei Köpfen das Licht der Welt erblicken zu lassen? Was hatte er sich dabei gedacht? Konnte es etwa, zumal bei Neugeborenen, nicht Köpfe genug geben? Wahrscheinlich war er selber über dieser Frage kopflos geworden.

SELBER SCHULD? – AFP meldet, 26 Insassen eines polnischen Reisebusses, der katholische Pilger von dem Marienwallfahrtsort Notre Dame de C. nach Polen zurückbringen sollte, sind bei einem Unfall in den Alpen elendiglich verbrannt. Bei der Trauerfeier in ihrer Heimat werden die Pfaffen zweifellos von dem bekanntermaßen «unerforschlichen Ratschluss Gottes» predigen, diesem letzten Asyl des guten Glaubens, wenn sonst nichts mehr hilft. Das «Misslingen aller philosophischen Versuche in der Theodizee» liegt ihnen buchstäblich himmelweit fern. Aber wenigstens von unserer mütterlich «Lieben Frau» würde man denn doch gerne erfahren, ob das ihr Dank für den Besuch war.

Vielleicht ist eine «Mariodizee» ja aussichtsreicher als die Verteidigung des Herrn. Man könnte aber natürlich auch an die Adresse der Marienpilger sagen: «Selber schuld!» Die Marienverehrung überschreitet in der Tat die Grenze zur Idiotie. Lourdes und Fatima oder auch das kroatische Medjugorje sind die größten offenen Psychiatrien der Mariologie. Aber dieses «Selber schuld!» wäre fast schon so herzlos, wie es der Dienstherr «Unserer Lieben Frau» seit je ist. Mit Leuten dieses Schlages sollte man sich besser nicht gemein machen.

LETZTER TRITT. – Alle Versuche in der Theodizee müssen aus dem Übel das Böse machen. Sonst könnten sie das Leiden nicht rechtfertigen. Es bliebe wie bei Hiob unverdient. Deswegen spricht der Gott der Theodizee die Leidenden schuldig. Nicht nur, dass er sie ins Elend bringt. Er gibt ihnen auch noch den letzten moralischen Tritt. Ein ziemlich schlechter Charakter, wenn man das moralisch formulieren wollte. Begnügen wir uns zu sagen, dass ihm die Noblesse abgeht, von der Güte ganz zu schweigen.

GUTE GESELLSCHAFT? – Als Jean Paul seinen toten Christus vom Weltgebäude herab Gottes Totenrede halten ließ, litt er so sehr daran, dass er eher noch auf das ewige Leben als die Gesellschaft Gottes verzichten zu können glaubte. Wie die meisten Menschen, zumal wenn sie an einem noch offenen Grabe stehen, war er nicht gerne einsam. Aber war Gott denn eine erfreuliche Gesellschaft gewesen? Wahrlich nicht, zu oft hatte er sich daneben benommen.

UNTER BEKENNERN. – Gibt es heute auf Erden einen Terror, der nicht von Gläubigen dieser oder jener Konfession verursacht wäre? Man muss nur stark genug glauben – und schon gehen im Namen irgendeines Gottes die Bomben hoch.

DER «EWIGE MOSLEM». – Wenn es den «Ewigen Juden» nicht gäbe, müsste man ihn erfinden. Aber es gibt ihn ja. Nur ändert er ständig seinen Namen. Der «Ewige Russe» stand eine Zeitlang hoch im Kurs. Der «Ewige Moslem» klingt auch nicht schlecht. Dafür sorgt er zur Not schon selber. Welche Ironie, dass er der «Ewige Jude» von heute ist.

TODESSTRAFE FÜR DIE GÖTTER. – Wie die Menschen, so ihr Gott: Das ist die manchmal frohe Botschaft des Anthropomorphismus. Freilich kommen selbst die menschenfreundlicheren Charaktereigentümlichkeiten der Götter bald an ihre Grenze. Jesus, der sich von seinen Feinden auch auf die linke Backe schlagen lassen will, ergeht sich in seinen Phantasien von Hölle und Letztem Gericht. Allah, der Allerbarmer, vernichtet diejenigen, die nicht an ihn glauben. Shiva und Kali zeigen von Anfang an ihr grausames Gesicht. Die Götter sind so menschenunfreundlich wie die Menschen. Wer wie Nietzsches «toller Mensch» Gott mordet, bringt gerechterweise nur einen Mörder um. Die Todesstrafe für die Götter! Sie haben sie verdient.

DER WERDENDE UND DER STERBENDE GOTT. – Das gotteswissenschaftlich interessierte Publikum hat bemerkt, dass es um das Sein Gottes nicht so gut bestellt ist: zu viele Irritationen, zu viele Widersprüche; und viel zu viel Elend. Vielleicht war man aber auch nur ungeduldig. Wie bei jedem Rendez-vous musste man warten können. So wurden die Gläubigen zu Spezialisten für den «Advent». Irgendwann würde ihr Gott schon mit der vorerst weniger göttlichen Wirklichkeit harmonieren. Man musste ihm nur Zeit lassen, der zu werden, der er eigentlich schon immer war. «Ich bin, der ich bin»? Nein, «ich werde sein, der ich sein werde».
Plausibler allerdings als die Idee eines werdenden ist die eines sterbenden Gottes. Unübersehbar ging es mit ihm abwärts. Vielleicht hatte er das sagen wollen, als er hatte ausrichten lassen, «Gott ist tot». Er durfte nur nicht auf die Idee kommen, wieder auferstehen zu wollen. Dann würde man sehen, dass er nicht mehr zu retten war.

GOTT, DIESER EGOIST. – Warum Gott tot ist? Nicht wir haben ihn ermordet (Nietzsche), sondern er selber hat die Konsequenzen gezogen. Freilich hätte er besser daran getan, wenigstens ein paar von uns mitzunehmen. So hat er sich allein aus dem Staube gemacht. Elender Egoist.

NACHRUF. – Wenn Gott tot ist, dann müssen seine Geschöpfe den Nachruf auf ihn schreiben. Nietzsche hat das versucht. Aber es war eine undankbare Aufgabe. Und wie immer bei Nachrufen hat auch Nietzsche am Grabe Gottes gelogen. Was hat er nicht alles über diesen «Sonnenuntergang», die von Gott hinterlassene Lücke phantasiert. «De mortuis nil nisi bene» – «über Tote darf man nur reden, wenn man gut über sie redet»: das hat Nietzsche als Aufforderung zu Gottes letztem «Te Deum» missverstanden. Besser hätte er geschwiegen. Von wem man nicht gut sprechen kann, über den muss man schweigen.

«SED LIBERA NOS A MALO.» – Die Bitte des Vaterunsers ist ja gut und schön. Aber wissen die Sünder denn, worum sie beten, wenn sie selber das Übel sind?

DIE ARBEITSLOSIGKEIT DER GOTTRUFER. – In Kairo werden die Muezzins arbeitslos – nicht etwa, weil Nietzsches «toller Mensch» auch in Ägypten in die Moscheen eingedrungen wäre und verkündet hätte «Allah ist tot», nein, weil zu viele Gottrufer zu viel unkoordinierten Lärm gemacht haben, für die vom Koran vorgeschriebenen Gebete gleich fünfmal am Tag. Nun werden sie also koordiniert mit einer Stimme sprechen, die über einen Rundfunksender verbreitet und mit Lautsprechern weitergegeben wird. Der Monotheismus setzt sich auch technologisch durch. Auf allen Ebenen muss eben zentralisiert werden. Wer weiß, was gewesen wäre, wenn die Gottrufer von Moses über Jesus bis Mohammed aus Rationalisierungsgründen gleich mit einer Stimme gesprochen hätten. Gott hätte sich nicht verdreifachen müssen. Nur wären dann zwei von denen, die sich in Seinem Namen versammelt hätten, arbeitslos geworden. Aber auch in Kairo gibt es bei über 7 000 Moscheen noch Probleme. Allein die staatlichen Moscheen können zentralisiert werden. Die 2 500 privaten machen nicht mit. Das ist die Pointe: Der technologische Monotheismus stößt auf den Polytheismus des Privateigentums. So wird Gott weiterhin mit wenigstens 2 501 Muezzin-Stimmen angesprochen werden, die nach Allah rufen. Immerhin, so bleiben 2 500 private Arbeitsplätze von Gottrufern erhalten. Erst bei völliger Zentralisierung wären alle Gottrufer bis auf einen wie alle Götter bis auf einen arbeitslos.

EIN «LEBENDER GOTT». – Als der Dalai Lama zu Besuch kam, wurde er wie üblich als «der lebende Gott» annonciert. Offenbar gab es auch tote Götter. «Seine Heiligkeit» jedenfalls war tatsächlich ziemlich lebendig und rundum heiter gestimmt. Sie lachte unablässig. Worüber, war nur die Frage. Über sich? Ganz gewiss. Aber sicherlich ebenso über Verehrer, die einen «lebenden Gott» feierten. Für ihn waren die Götter die größten Heiterkeitserfolge. Vielleicht hatte er deswegen als einziger von ihnen verdient, ein lebender Gott zu sein? Wenn man ihn lachen sah, konnte man fast schon wieder an Gott glauben.

Schwabe reflexe

Schwabe reflexe

reflexe 8
Wolfgang Rother
Lust
Perspektiven von Platon bis Freud
2010. 152 Seiten. ISBN 978-3-7965-2691-6

reflexe 10
Christian Morgenstern / Max Knight
Galgenlieder und andere Gedichte /
Gallows Songs and Other Poems
Ausgewählt, übertragen und mit einem Nachwort von Max Knight
Herausgegeben sowie mit einem Nachnachwort versehen von Niklaus Peter
2010. 194 Seiten, 5 Abbildungen. ISBN 978-3-7965-2693-0

reflexe 11
Ludger Lütkehaus
Die Heimholung
Nietzsches Jahre im Wahn. Eine Erzählung
2011. 120 Seiten. ISBN 978-3-7965-2728-9

reflexe 12
José Antonio Marina
Die Passion der Macht
Theorie und Praxis der Herrschaft
Aus dem Spanischen von Gerd Lamsfuß-Buschmann
Mit einem Nachwort von Martin Stingelin
2011. 189 Seiten. ISBN 978-3-7965-2739-5

reflexe 13
Johannes Hohlenberg
Søren Kierkegaard
Eine Biographie
Aus dem Dänischen übersetzt von Maria Bachmann-Isler
Herausgegeben von Theodor Wilhelm Bätscher
Mit einem Nachwort von Annemarie Pieper
2011. 465 Seiten. ISBN 978-3-7965-2740-1

reflexe 14
Karl Jaspers
Die Chiffern der Transzendenz
Mit zwei Nachworten herausgegeben
von Anton Hügli und Hans Saner
2011. 143 Seiten. ISBN 978-3-7965-2767-8

108 Hiobs Gottesbeweis

30/31 Immer dasselbe
43 Die unsterblichen Tiere
Lebensgefahr Todesgefahr

Das Signet des 1488 gegründeten
Druck- und Verlagshauses Schwabe
reicht zurück in die Anfänge der
Buchdruckerkunst und stammt aus
dem Umkreis von Hans Holbein.
Es ist die Druckermarke der Petri;
sie illustriert die Bibelstelle
Jeremia 23,29: «Ist nicht mein Wort
wie Feuer, spricht der Herr,
und wie ein Hammer, der Felsen
zerschmettert?»